子どものケータイ利用と学校の危機管理

下田博次 著

少年写真新聞社

はじめに

二〇〇七年から二〇〇八年にかけて「小中学生に携帯電話を持たせるな」とか「学校に携帯電話の持ち込みを禁止する」などの声明、提言が大阪府をはじめとする各地の自治体、教育委員会から出されるようになった。

このような動きは、二〇〇七年末からの「フィルタリングをはじめから携帯電話に入れるべき」とする総務省の方針や内閣直属の諮問機関である教育再生懇談会の「学校への携帯電話持ち込み禁止」「小中学生に携帯電話を所持させないで欲しい」という提言がひとつのきっかけとなっている。

実は「携帯電話の学校への持ち込み禁止」はインターネット接続型携帯電話が発表された直後からの学校現場での常識であった。小中学校ばかりか高校でもそうだった。それがいつの間にか携帯電話ブームの中で高校生の学校内持ち込みが当たり前のようになり、今日まで流されてきただけのことだ。言ってみれば、この十年間の学校の、というより文部科学省の「子どもの携帯電話利用問題へのスタンス」が定まらなかったということである。それが、いよいよ収まりがつかなくなるほど問題が多発化したわけである。

正直言って、遅きに失した感はあるが、私はこのような動きを歓迎はしている。理由は、この携帯電話利用問題を機に、日本の子どものインターネット利用問題の本質的議論が行われる突破口になりそうだからである。

実は文部科学省や学校当局が真に問題とすべきことは、電話ではなくインターネットである。携帯電話はインターネット端末のひとつでしかない。日本の思春期の子ども達は、携帯電話はもちろんのこと、オンラインゲーム機やモバイルパソコンなど多様な機器からインターネットの情報環境をフィルタリング無しで好き勝手に使ってきた。このような国は私の知る限り、ネット先進国では日本だけであろう。

「思春期の子ども達にフィルタリングも指導もなくインターネットを好き勝手に使わせてはいけない」というのが世界の大人社会の常識だ。日本にはそれが無い。

だから子ども達が携帯電話やパソコンからネット事件、トラブルを起こしてしまうのである。とくに保護者に子どものインターネット利用に関する知識や責任感が希薄であるが、保護者以上に、携帯電話会社など子どもにネット遊びを仕掛ける業者の責任は重い。問題は、そうした中で子どものネット問題がすべて学校にシワ寄せされてしまうことである。

この本は、そのような日本の現状から、学校長や生徒指導教員、養護教諭らが子どものネット利用のリスクを回避し、頭痛のタネを減らすことができる方法について解説したものである。いわばインターネット時代に学校を助ける本だと自負しており、教育関係者のお役に立てれば幸いである。

なお、本書では、携帯電話機の表記を、ときに「ケータイ」とすることがある。それは、子ども達の認識、つまり携帯電話機はインターネット機であるという認識に従った場合に「ケータイ」と表記した、とご理解いただきたい。

下田博次

二〇〇九年初夏

CONTENTS

はじめに ―― 2

第1章 子どものケータイ利用への危機意識と対応の混乱 ―― 7
「ケータイ持たせるな」の動きが ―― 8
気付きが遅い理由 ―― 9
事件、トラブルの広がり ―― 11
子どもを狙ったネット詐欺も ―― 13
シワ寄せが学校に ―― 16
校長にリスク・学校裏サイト ―― 18
秘密基地遊びの魅力 ―― 20

第2章 なぜネット遊びが増殖するのか ―― 23
女子高生が開いたケータイ市場 ―― 24
ケータイ・デビューとメル友願望 ―― 27
ネットは思春期の解放区 ―― 29
子どもを狙う業者の罠 ―― 31

第3章 リスクを発生させる情報環境・構造 ―― 33
米国の母親からの警告 ―― 34
子どもと業者は喜び、保護者、教師は困る ―― 36

保護者、教師のためのインターネット・リテラシーを 37
インターネット利用に必要な三つの能力 45

第4章 深まる教師の悩み 47
先生から言い聞かせて 48
生徒指導教員からの相談内容 50
養護教諭からの相談内容 52
仕事の達成感が無い 54
養護教諭へのインタビュー 55
時空の広がりに追いつけない悩み 61

第5章 ネットいじめの時代に 63
「誰からいじめられているのかわからない」という相談 64
ネットいじめとは 65
ネットいじめの特徴 66
メディアの発達が裏目に 67
高まる悪質度 68
ネットいじめの実態と広がり 70

第6章 クライシス（事件・トラブル）への対応 73
第二の交遊の場で 74
いじめの構造変化を知る 77
ネットいじめへの対処法 79
ネットいじめ指導の要諦 83
その他のクライシス（事件・トラブル）への対処法 85

第7章　必要になる学校のリスク管理　91
学校に諸問題のシワ寄せが　92
国・企業の啓発が問題解決に？　93
子どものネット利用のリスク評価を　96
危機対応のモグラたたきは駄目　98

第8章　保護者、地域を学校の味方に　101
リスクの多様化と整理　102
ネットで学校、教師を攻撃する保護者も　104
子どもにばかにされない姿勢を　106
おだても脅しも駄目　109
問題は電話ではない。インターネットだ！　111
計画的、戦略的対応を　113
子どものネット遊びの責任は業者か？　114
賢い保護者を増やそう　116
日本にもネットママ、パパを　118
インターネットでどのような社会を創るか　121

あとがき　124
付録1　用語解説　22
付録2　臨床心理士から見たネットいじめにおける児童生徒・保護者への対応　100
コラム　ブラックリスト方式のフィルタリングには効果があるのか？　115
コラム　地域のネット教育力を高める群馬県の取り組み　123
参考資料　125
さくいん　126

第 1 章

子どものケータイ利用への危機意識と対応の混乱

「ケータイ持たせるな」の動きが

二〇〇九年は、日本の子どもの携帯電話問題が社会的関心事になっている。この年、各地の自治体、教育委員会が保護者に対して「子どもに携帯電話を持たせないでくれ」という提言、アピールを相次いで出すようになった。そのため私のところにも各地の新聞やテレビから「あなたはどう思う。賛成か、反対か」という質問が来ている。

私は各地域・自治体で、市民が語らい、あるいは行政が市民に訴えるかたちで「子どもに携帯電話、正確にはインターネットができる携帯電話を持たせないようにしよう。安易に使わせないようにしよう」とアピールすることは良いことだと思っている。とりわけ小中学生などの低学年でのケータイ普及率が低い地域や、ケータイの所持率を意識的に抑える努力をしてきた地域では、そうした呼びかけも受け入れられやすく、実効性も高いと思う。

しかし、低学年の子どもの所有率、それもフィルタリング無しのケータイの所有率、利用率が高い地域では、提言しただけでは実効性は期しがたいだろう。要するに、「中高生に持たせてはいけない」理由についてきちんとした説明がなければ、呼びかけ、提言もなかなか受け入れられないということだ。インターネットができるケータイ（モバイル・インターネット機）を、しかもフィルタリング無しで子ども達に好き勝手に利用させて十年もたった今、なぜここへきて「持たせないでくれ」と言い出したか、その理由を、保護者にはもちろんのこと、子ども達自身が納得できるように改めて説明するべきだと思う。

地方自治体だけでなく、国も説明力が不足している。いや、そもそも国のほうが問題だろう。文部科学省は

> **Key word**
>
> **フィルタリング**
>
> インターネットのページを一定の基準による「表示して良いもの」（子ども向けの健全なサイトなど）と、「表示禁止のもの」（出会い系サイトやアダルトサイトなど）に分け、子どもに見せたくないページにはアクセスできないようにする機能。さまざまな機能があり、子どもの年齢や家庭のポリシーに合わせて選択することができる。パソコン向けと携帯電話向けフィルタリングは質が違う。携帯電話向けフィルタリングは改善すべき点が多い（P115参照）。

二〇〇九年一月三十日に「小中学校への携帯電話持ち込み原則禁止」を各都道府県教育委員会などに通知した。この通知は、前年に教育再生懇談会が、学校への持ち込み禁止はおろか「子どもに携帯電話を持たせないように」という保護者への提言を打ち出した流れの中で浮上してきたようだが、やり方が稚拙に思える。問題の本質が見えていないのではないか、とさえ思えるほどだ。

国がやるからには、事を計画的、戦略的に運んでもらいたい。もしその場の思い付きで動くのであれば、日本の子どものインターネット利用、とりわけケータイからのインターネット利用問題は解決できないばかりか、混迷は深まるばかりとなろう。

現に、今回の持ち込み禁止令については学校現場や、ＰＴＡなど保護者の受け止め方は多様で、中には反発の声さえある。特に保護者からは「子どもへの安全のため、連絡手段として持たせたい」という声も強い。そういう保護者には、「携帯電話の通話機能を問題にしているのではない。インターネットのできるケータイのことを問題にしているのだ」とわかりやすく説明をし、「連絡だけなら通話だけの携帯電話を持たせなさい」とはっきり言えば良い。

気付きが遅い理由

それにしても、今なぜ携帯電話の所持、持ち込み禁止の声明が出るのか。思うに青少年の教育に責任を持つ国の関係者らは、十年たった今、子ども向け携帯電話に装着されたインターネットの機能管理の難しさに気が付き、慌て始めたのではないのか。

子どもにいわゆるケータイからのネット遊びを仕掛けた携帯電話会社やコンテンツ業界が、いずれ何とかしてくれると思っていたものの、事ここに至って期待できそうもない、と考えたのかもしれない。実際、子ども達のケータイ利用問題は当時の町村官房長官が「携帯（電話）会社任せにせず規制を考えることが必要では」と述べるほど、業界の良識で解決できない段階にまできている。私の調べでは、もともと携帯電話会社はモバイル・インターネットの子どもへの悪影響のメカニズムについては知識が無かったようなのだ。

その証拠に、私は今から五年前、開発当事者達からレクチャーを依頼されたが、私の説明を聞いた携帯電話会社の重役らは、「（子どもへの影響に関して）知識が無かった」と言っていたのだ。そんなはずはないとも私は思ったが、それが事実としても、根本的な軌道修正が、その時点ではできないことは明らかであった。そのようないきさつから考えても、国や業界は、現段階で一種のパニック状態になっているのかもしれない。

　情報の力とメディアの関係について研究する研究者としての私の立場、経験から、この十年の動きを振り返ると、インターネットと子どもの意識・行動変化に関して教育学や教育行政関係者の問題への気付きはいかにも遅かった、と言わざるを得ない。原因は、インターネットというコンピューターネットワークのメディアとしての側面への理解が浅いまま、国策的に都合の良い観点から利用促進に邁《まい》進してきた。つまり子ども、とりわけ思春期の子ども達の育ちという視点から最新メディアの影響力を全体として把握する努力が不足していたことにあるのではなかろうか。私の各種委員会経験からすると、子どもの教育、健全育成の責任官庁というべき文部科学省や教育学者らが、いわゆる業界団体等ネット事業者に対して毅然たる態度で臨んでこなかったように思われる。「いくら儲《もう》かるからといって、こんなメディア遊びを子どもに仕掛けてはいけない。教育の責任者としては困る」ということを誰かが言わなければ、事態は変わらない。

　実際に、日本の子どものインターネット利用問題は、私のこの十年間の体験からも広がりが速すぎるくらい速い。

　私は二〇〇〇年末から中学生や高校生など十代の青少年を中心にした子ども達のインターネット利用問題の相談を各種の機関、組織から受けるようになり、その原因を研究してきた。

　下田研究室（群馬大学社会情報学部）に最初に真剣に相談を寄せてきたのは学校ではなく、県警などの警察だった。一九九九年に高校生に向けて発売されたケータイ。これを使った援助交際等の非行、犯罪が、二〇〇〇年から多発したのだ。そこで地元の警察だけではなく各地の県警で、ケータイの「メディアとしての特性」を解説するようになった。次いで研究室へのメディア特性解説依頼は、消費生活センターから急増した。子どものケータイ利用で、悪徳商法被害が急増したからだ。そうした中、子どものネット利用で消費者問題や警察沙汰《ざた》に巻き込まれた保護者や教師らが「ケータイでこんなことができるとは」というため息を漏らすようになったのだ。そもそもケータイには、子育て・教育上問題となるいくつかのメディア特性があるのだが、これについて日本の社会は今でも認識不足である。それはともかく、ここではまずｉモード型携帯電話発売以来、この十年に増え続ける子ども達のケータイ利用関連事件、トラブルの広がりとその学校への影響について、下田研究室の経験から説明したい。

Key word

ｉモード型携帯電話

ＮＴＴドコモグループが最初に始めた携帯電話付加サービス。インターネットに接続して、電子メールの送受信、ホームページのアクセスなどのサービスなどが利用できる携帯電話。

SNS(ソーシャル・ネットワーキング・サービス)

インターネット上で、新たな友人関係を広げることを目的に、参加者が互いに友人を紹介し合い、友人の関係、個人の興味・嗜《し》好等を登録していくコミュニティ型のサイト。

出会い系サイト規制法

「インターネット異性紹介事業を利用して児童を誘引する行為の規則等に関する法律」の通称で児童買春やその他の犯罪から児童を保護することを目的にしている。

事件、トラブルの広がり

前述のように、子どものケータイ利用を最初に問題視したのが警察関係者だった。たとえばこの十年間に、出会い系サイトを介して子どもが被害に遭うという事件が社会問題として連日のように報道され、援助交際（エンコー）という青少年非行・犯罪は今や日本の社会に定着してしまった。これらの子どものほとんどが、ケータイからの出会い系サイト利用である。検挙された「出会い系サイト」関連事件のうち、ケータイからのアクセスが二〇〇二年から急に増え、今や事件のほとんどがケータイからのアクセスという状況となった。こうした中で、子ども達の出会い系サイト利用を禁止する法律（通称出会い系サイト規制法）まで作らざるを得なくなったのだ。ちなみに最近はゲームサイトやプロフ、ＳＮＳ（ソーシャル・ネットワーキング・サービス）など、援助交際目的の利用サイトが多様化し警察関係者を困惑させている。

　事は援助交際という名の少女売春だけではない。猥《わい》褻《せつ》物、危険物、薬物などの購入問題から誹謗《ひぼう》中傷や授業妨害にいたる子どもの事件、トラブルの背後にケータイ利用が増え、そのことから青少年の逸脱、非行、犯罪の質的変化が進行していると判断されるようにもなってきた。ケータイばかりではない。パソコン（モバイルパソコン）やオンラインゲーム機などを利用したネットの加害、犯罪行為は、時間・空間や性別・体力の制約を超えて実行でき、そのため従来の青少年非行・犯罪行為の能率化を促していると言わざるを得ない状況にある。

　国とネット業界は、二〇〇五年の私の業界団体向け講演の後で、学校に向けてEネットキャラバンや企業出前講座などを全国規模で大々的に始めた。にもかかわらず子ども達のケータイ利用問題の解決にはいたっていない。理由は、事態を依然甘く見ていることにある。つまり、高校生などの子ども達に「ルールやモラル」だけを説けば収まると思っているのではないのか。自分達の不明をよそに、お説教調の啓発プログラムでは通用しない。業者に不利になることを教えず、むしろ安心を強調する内容だから低学年へのケータイ普及に役立つという皮肉な結果になった。そう私どもはみている。事実この五年間にも、問題は広がり続け、それが国民的「ケータイ・バッシング」を招いているとさえ思える。

　そもそも、思春期の子どもの世界にインターネット機能を備えたケータイをフィルタリング無しの「ノーガード機」として売り出したのが問題だった。この点で企業の責任は大きい。私は、メディアの研究者としてそのことを問題にしたからキャンパスの外からの問い合わせ、相談が急増したのである。何しろインターネットという成人向け多機能メディアは、有害情報発信や危ない出会いも実現する。インターネットは全体が出会い系サイトと言えなくもない。ホームページを作り、掲示板やチャットを設定すれば、そこに誰かが集まる。ホームページを通じてさまざまな出会いがある。ケータイからの子ども達へのインターネット開放には、もっと注意が必要だったのだ。

子どもを狙ったネット詐欺も

話を戻して、社会の各方面から来る下田研究室へのアクセスは、順番から言えば、警察の次が消費生活センターだった。二〇〇一年以降、日本の社会では子どもがケータイによるネットオークションで詐欺被害者になるなど、これまでにない子どもの消費者問題まで抱え込むようになった。いわゆる不法、不当請求被害やネットショッピング詐欺などが中高生の間に急速に広がったからだ。

現実にも二〇〇三年以降、国民生活センターなどへは、高校生ばかりか大学生からのネット・トラブルの相談も急増している（図1-1参照）。たとえば「ケータイに届いた広告をのぞいただけで高額な請求がきた、しかし詳しくは覚えていない」とか「ネットショッピングで代金を支払ったが商品が届かない。ネット上で確認したら、ホームページが消えてなくなっている」といった相談などが寄せられるようになった。

相談者は、「利用したサイトの記録を削除してしまっ

Key word

ネットショッピング

インターネット上に掲載された商品の画像を見て購入すること。インターネット上で個人情報や支払い方法などを登録して、家に商品が送られてくるシステムになっている。

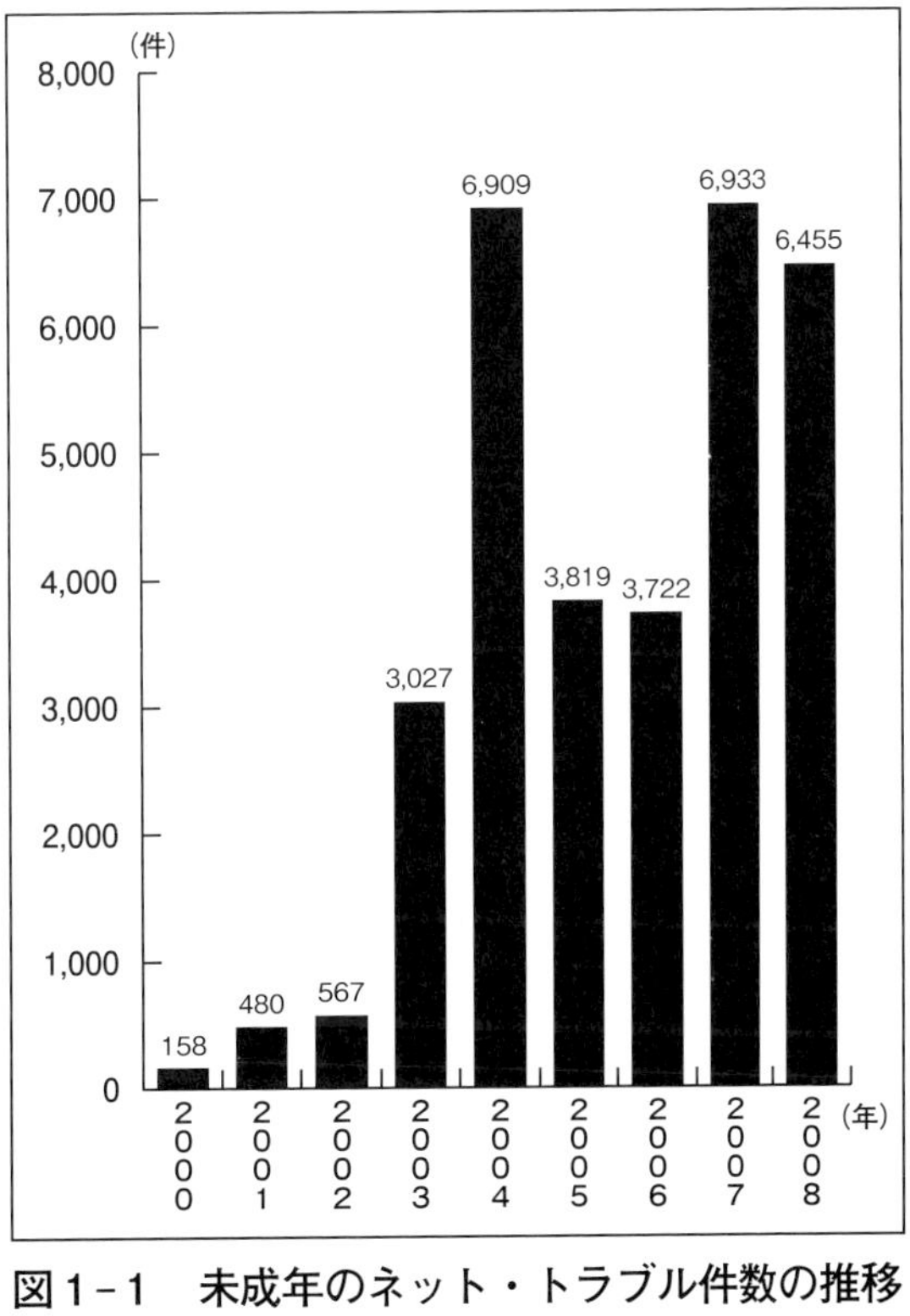

出典　国民生活センター

図1-1　未成年のネット・トラブル件数の推移

た」「通信記録は削除してしまった」など状況確認が困難なケースが多く、契約前に事業者について十分に確認を行っていない場合がほとんどだった。こうした状況下で、消費者問題の研究家ではない私が、国民生活白書の巻頭論文を書くはめになってしまった。

さらに深刻なのは、子どもがネット詐欺までするようになったことだ。二〇〇〇年以上の長い競り場の歴史からすれば、子どもが「競り行為」で大人をだますことなど考えられなかったが、年齢、性別にかかわりなく対等なコミュニケーションを保障するインターネットの出現で、それが可能になった。

インターネットというパーソナル・メディアは、良くも悪くも、子どものパワーを大人に対抗できるくらい大きくする。たとえばゲームに通じた子どもらが遊び半分でネット上での窃盗（不正アクセス禁止法の違反）を犯してしまう。実際に不正アクセス禁止法に違反した被疑者のうち十代の若者が占める割合と件数は増えている。この背景には、子どもが早い時期からコンピューターを使うようになったこと、そしてそれに伴う技能の向上がある。また、オンラインゲームのIDとパスワードなど、ネット上で金銭的価値を持つ情報が増加していることなども原因だろう。最近では中高生の男女を問わず、詐取したアカウント情報を用いて、ゲーム上の仮想通貨や重要アイテムを詐取し、それを現実世界で換金することで利益を手に入れようとするようなケースも出てきている。

ネットオークションで子どもの加害・被害事案（児童対象事犯）が増えてきた背景には、新しいメディアの力が働いているわけだ。ネットの競りでの詐欺、とりわけケータイによる子どもの詐欺が増えたのは、モバイルオークション（モバオク）が始まった二〇〇四年前後である（二〇〇四年はネット遊びのモバゲータウン経営で知られるディー・エヌ・エーが「モバオク」という携帯電話専用インターネットオークション・サービスを始めた）。そのためネットオークション・プロバイダー（ネット業者）達は、警察からのプレッシャーもあって、年齢制限をせざるを得なくなったほどであった。

このような消費生活センターがらみの事案は、すなわち家庭における子どもの多様なネット問題の発生を意味している。たとえば、ケータイの使い過ぎで料金が払えなくなり、アルバイトを始めたところ勉強に支障が出て高校を退学せざるを得なくなったとか、ゲームなどのコンテンツ利用料金が急増し、困った保護者が支払い相談にくる（子どもの人気キャラクター画面のダウンロードによる高額な支払い請求で親から厳しく叱《しっ》責され、家出をしてしまったというケース等は消費相談センターだけでなく警察の案件にもなった）など。あるいは迷惑メールをうっかり開いてしまい不当請求を受けて慌てたり、猥褻サイトに入り高額な不当請求に直面したりするという事例となって現れている。

猥褻サイトからの高額な不当請求については、慌てたために携帯電話番号など個人情報を教え、これがもとで直接に支払い請求の電話を受け、支払いまでした中高生のケースも出てきた。ネットが一種の脅迫、暴力装置と化して子ども達に襲い掛かっているという印象さえ、私は持つようになった。

Key word

不正アクセス禁止法

「不正アクセス行為の禁止等の関する法律」の通称。ネットワーク上で他人の ID やパスワード等を不正に利用したり、プログラムの不備等を攻撃したりして侵入することを禁止している。

ネットオークション

インターネット上で行われるオークション。一般の人や企業などがインターネット上に商品を出品し、それに対し、希望購入価格の最高値を提示した参加者が落札する。

モバイルオークション

ネットオークションの携帯版。

オンラインゲーム

インターネットなどのコンピューターネットワークを経由して行う。複数のプレーヤーが同時に参加できるものが多い。

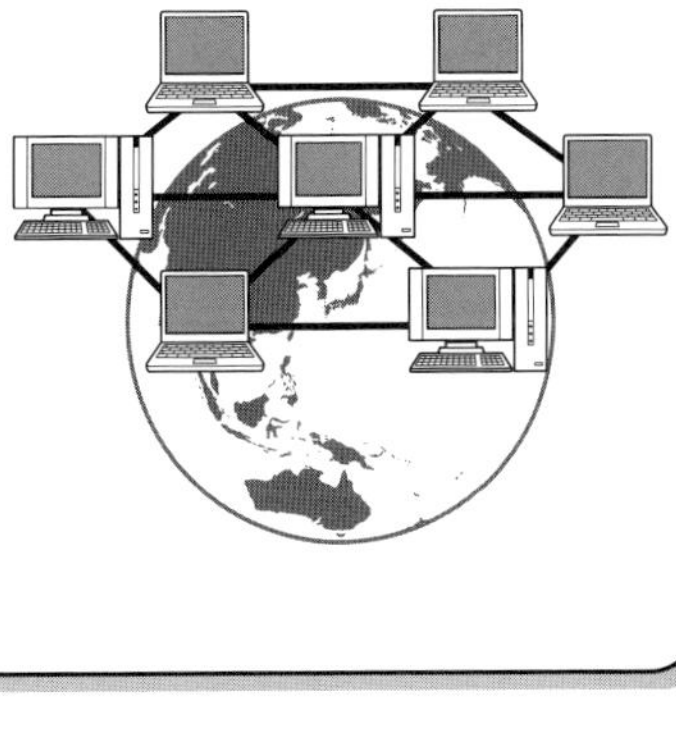

モバゲータウン

株式会社 DeNA（ディー・エヌ・エー）社が平成18年（2006）に開設。携帯電話専用ゲームのほか、SNS、モバイルコマース（ウェブサイトでの商品購入や各種サービスの予約、金融取引、または電子マネーとしての利用など）も利用できる。

シワ寄せが学校に

下田研究室への相談では、消費生活センターの次が学校だった。学校関係は高等学校から始まり中学校の教師や最近では小学校の教師までが相談コールをしてくるようになった。

当初私は意図していなかったが、この十年に下田研究室は研究調査能力を超える子ども社会の情報化問題に向き合うこととなったのだ（図１－２参照）。

図１－２を見ればわかるように、子どものケータイ利用問題は犯罪（警察）的事案から消費生活センター、学校の教育問題にまで広がっている。この広がりの背景には、出会い系サイトからネットオークション、プリクラ、学校裏サイト、プロフなど多様なサイト・ビジネスの広がりがある。子ども達は、新しいネット遊びで、次々問題を起こしている。

総じて言えば、この間、新聞などマスコミは前述のような子ども社会の情報化問題を個別に報道するのみで、個々の事件、トラブルとの関連性、つながりなど俯《ふ》瞰《かん》的

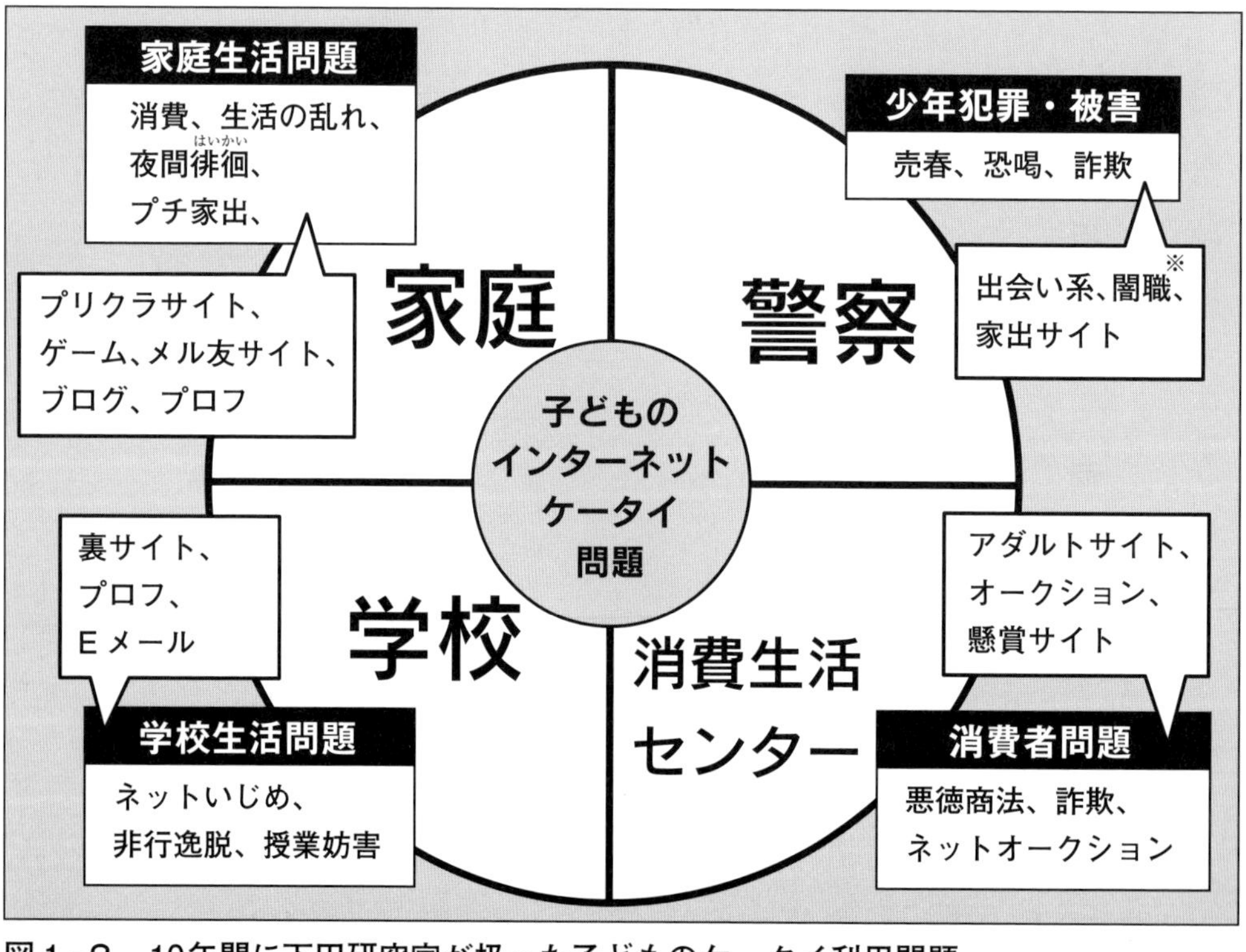

※犯罪などにかかわる求人を行う反社会的サイト

図１−２　10年間に下田研究室が扱った子どものケータイ利用問題

な解説はしてこなかったという印象を持つ。逆に言えば、それほど問題の展開が質量ともに急速で、ジャーナリストも変化の本質が見えなくなっていたのだ。

それはともかく、警察から消費生活センターなどが取り扱った事件、案件は、最終的には学校に回ってくる。加えて、学校内でも高校を中心に授業中のケータイ利用問題から、深夜利用などによる生活リズムの乱れやネットいじめなど固有のトラブルが発生していった。中学、高校など学校でこの問題に最初に真剣な対応を迫られたのは教育長や校長、教頭などではなく、生徒指導教員や養護教諭など現場の教師で、そうした人々からの下田研究室への相談が二〇〇三年ごろから増えてきた。最初に相談されたのはEメール利用によるネットいじめ問題だった。その後はカメラ付き携帯電話による盗撮やカンニングの防止相談だった。そして二〇〇六年からは、学校からの相談の種類が一挙に多様化してきた。

その結果、学校は警察や消費生活センターさらには家庭（PTA）からのケータイ利用問題を一手に引き受ける状態になってきた（図1－3参照）。つまり今

ケータイ利用問題のシワ寄せが学校に

１、授業中のケータイ利用、風紀の乱れ、夜間外出、外泊などの逸脱行為、生活リズムの乱れ（生徒の校内外指導、家庭のしつけの問題が学校に）

２、有害サイト被害（出会い系、詐欺など悪徳商法等。消費生活センターから学校に）

３、犯罪加担（売春、暴力など警察から学校に）

４、有害情報受発信（友達関係悪化要因等保健室問題）、誹謗中傷（生徒同士、教師への）卑猥、暴力誘発（喧嘩《けんか》サイト）

図１-３　学校に寄せられるケータイ利用問題

や子ども社会への不用意なケータイ普及がもたらすシワ寄せを、学校が受けているのである。

　過去十年、学校が直面してきた子どものケータイ利用問題を見ていくと、たとえば零時から明け方四時ごろの深夜のケータイ利用などによる生活リズムの乱れに起因する生活習慣の乱れ、それを基にした学校での逸脱行為の発生、さらには各種の非行、犯罪への発展などが窺《うかが》える。つまり中高生のケータイ利用は、従来のいわゆる青少年健全育成運動を基底から揺るがす問題に発展しているとみるべきであろう。また、特に最近は、ケータイへののめり込みと学力低下の現象が注目され始めている。

校長にリスク・学校裏サイト

　下田研究室の十年の観察経験から言えば、一九九九年のｉモード発売後、年を経るにつれ、いわゆるケータイ問題が学校に大きくのしかかるようになり、そのため校長など学校運営責任者のケータイを見る眼差しも変化してきたように思える。学校長が、ケータイ利用問題で意識を高めざるを得ない案件として、ネット自殺やネットいじめなど重大事件が挙げられるが、近年は特に学校裏サイト問題が校長を悩ますことになった。

　下田研究室が、学校裏サイトと呼ばれる中高生のネット遊びを真剣に調べようと決意したきっかけは、二〇〇六年の春から夏にかけて受けた、二つの中学校の管理者らからの相談であった。

　研究室に青ざめた表情で入ってきた教頭や校長らは、異口同音にこんなことを

Key word

学校裏サイト

現在、公立・私立を問わずほとんどの中学・高校で学校の教育方針や行事などを生徒やその保護者に知らせる公式サイトを持っている。そのような公式サイトとは関係なく、在校生や卒業生が勝手に立ち上げた掲示板などを、「学校裏サイト（学校非公式サイト）」と言う（詳細はP22に）。

言った。

「うちの学校の生徒がおぞましい書き込みや写真の発信をして困っています。一刻も早くやめさせたいのですが、どうすればいいんでしょう。なんとかなりませんか」

学校管理者達を困らせた、というより震え上がらせた発信というのは、男女の性器を露出させた写真や、子どもがするとは思えない下劣な猥談（わいだん）の書き込み、誹謗中傷やデマなど、多様な有害情報発信のことであった。自分達の学校の名を冠したサイトで、とても言葉にできないほどの有害情報発信が行われていたから、校長らは飛び上がったのである。そうした学校裏サイトの流行は、学校長、教育長の管理責任を問うことになったが、業界とともにインターネット教育の振興にかかわってきた文部科学省の行政責任も問われ始めた。

実は下田研究室では、単なる連絡用の掲示板くらいにしかみなされていなかった学校裏サイトからの発信内容が、誹謗中傷や猥褻情報、暴力的なものへと急速に変わってきたことに気付いていたため、二〇〇四年から群馬県を中心に神奈川県・大阪府・東京都などの主要なサイトを意識的にモニターするようにしていた。特に現場の生徒指導教員達からの訴えや相談から学校裏サイトの誹謗中傷発信が、教室でのいじめ問題に直結し始めたことがわかっていた。だから、そうした校長達の研究室への来訪も予想はしていた。

ちなみに学校裏サイトは、私が文部科学省からの依頼で調べた限りで言えば、大型掲示板のスレッド型裏サイトを含め、その数は二〇〇八年三月の時点で合計三万八二六〇個（サイト、スレッドを統一した呼称として）が確認されている（ちなみに文部科学省は、この調査を機に学校裏サイトを学校非公式サイトと呼ぶことにした）。

このうち子どもが管理する典型的裏サイトは二〇〇八年より急減し、現在はプロフという発信遊びに移行している。文部科学省の学校裏サイト調査の発表後、各地でネットパトロールと呼ばれる裏サイト監視が始まった。私は、ネットパトロールという言葉が嫌いで、「ネットの見守り」と言っている。それはともかく、ただネットを見てまわっても問題解決にはならない。それを生徒指導などに有効につなぐ方法を考えずに行うとむしろ、逆効果にさえなる。

しかも、パトロール対象となる典型的学校裏サイトは激減し、子ども達はプロフやＳＮＳに流れている。学校は後手にまわっているし、思い付きの対策が多すぎる。

秘密基地遊びの魅力

学校裏サイト遊びは、中高生達にネット発信の面白さを教えた。彼らが裏サイトにのめり込んだのは、思春期心理からすれば当然である。

学校裏サイトにおける有害情報発信対策を考えていくうえで重要なこと。それはこの種の遊びが、いかに中高生にとって魅力的なものであるかをあらためて理解することだろう。

下田研究室の学校裏サイト調査では、裏サイト管理人を含め多くの中高生らへのインタビューを行った。そうした面接調査でわかったことをもとに、中高生にとっての学校裏サイトの魅力を次の四点に整理してみた。

①中高生にとって学校裏サイトは、大人たちが入り込めない子ども同士の「秘密基地」という認識があり、その秘密の場所作りの面白さがあること。

②秘密基地としての学校裏サイトでは友人関係の拡大ができ、友人との連帯感や絆《きずな》を深めることができること。

③大人（特に保護者や教師）からの干渉が及ばない空間で、禁じられた情報の入手やコミュニケーションができること。また裏サイトの管理人はアフィリエイト

Key word

アフィリエイト

学校裏サイトやブログなどの運営者が広告主と提携した、成果保証型の広告の仕組み。具体的には、掲載された商品情報や広告を通じて第三者が商品を購入したり資料請求をしたりした場合に、広告主から運営者に対し手数料が支払われる仕組みになっている。

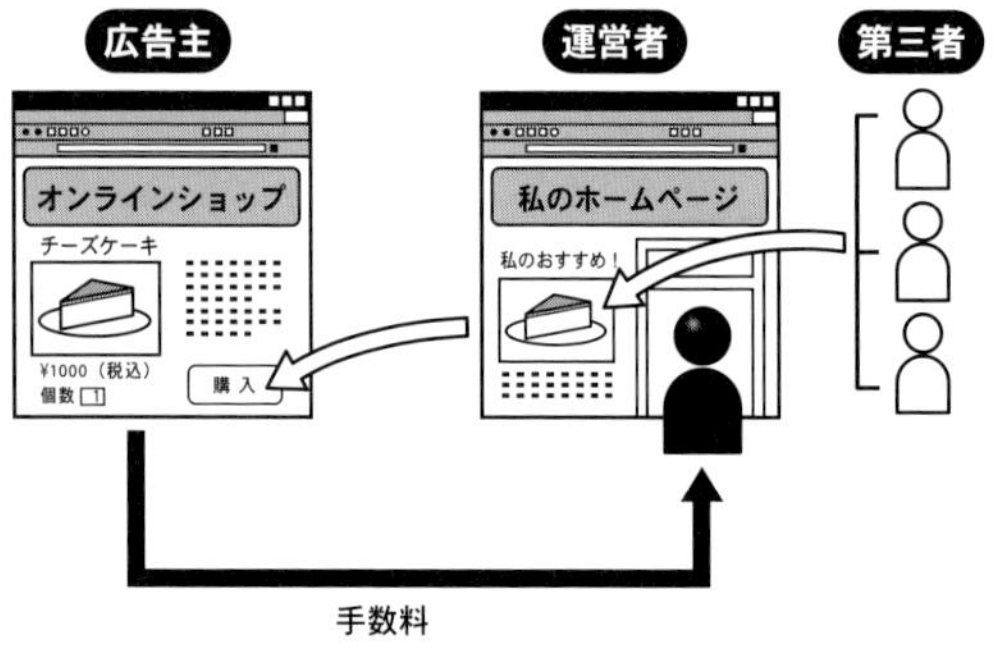

（クリックに応じた応酬サイト）という仕組みを使ってお小遣い稼ぎができる。つまり保護者に知られず有害情報ばかりかお金まで手に入れることができる。
④思春期特有の反抗心の発揮や学校生活での教師・友人関係から生まれるストレスを解消できる。

一般に思春期心理と言う場合、保護者や教師への反発・反抗心が注目されてきた。思春期の子ども達は心に秘密を育むようになり、学童期まで依存していた親や教師から離れる一方で同世代の仲間作りに励むことになる。学校裏サイトというメディアを使えば、先輩や友達と掲示板上でつながり、友人関係を作ることができる。クラスの顔なじみの友達ばかりかほかのクラスの生徒や卒業生、あるいは他校の生徒ともつながることができる。従来であれば接点がなかった人と掲示板を通して話をすることができたり、掲示板がきっかけとなって友達を増やすこともできたりする。

また「学校裏サイト＝秘密基地」という認識があるために、保護者や教師に知られたくないことをしていても大丈夫だという気持ちがあるらしい。仮に保護者や教師が学校裏サイトの仲間内のコミュニケーションに干渉しようものなら、管理人をはじめサイトを利用する中高生はあらゆる手段（たとえば掲示板に鍵をつけるなど）で大人を排除しようとする。また匿名で投稿できるため、万が一大人が掲示板の内容を知ったとしても、自分が責任を問われることはないだろうとも考えているようだ。

問題は、その大人（特に保護者や教師）からの干渉が及ばない空間で、禁じられた情報の入手や危ない人間関係を作ったり、保護者や教師、あるいは大人社会に向けた思春期特有の反抗心を発揮したり、学校生活あるいは友人関係から生まれるストレスの解消を好き勝手に行ったりする結果、いじめの要因となる誹謗中傷や暴力行為誘発のメッセージ、さらには猥褻情報の受発信が行われてしまうことである。

学校教育研究者・関係者は、思春期の高校生向けに売り出されたｉモード型携帯電話のメディア特性を、そうした思春期心理という側面から理解しようとしなかったがために対策が遅れ、十年たった今、慌て始めたように思える。

付録1 用語解説

学校裏サイト

学校名やクラス名が掲げてあり、中高生を利用者として想定しているインターネット上の掲示板。書き込みの内容としては、友達作りを目的とした出会いに関するものや、猥褻な内容のものも多い。

1書き込む　使用法説明　スレ全文検索

○○高サイト

★利用規約
★お知らせ　6／14
★管理人への意見
★校歌・応援歌・凱旋歌
★平成21年度行事予定
★アンケート

フリーページ☆　人気サイト30☆

■四字熟語でしりとり ♯34
■ダリー ♯28
■ MOB　title ♯0
■同性愛（ホモ・ゲイ）♯19
■死ね ♯7
■エアコン問題 ♯49
■○○県メル友雑談掲示板 ♯25
■○○高剣道部 ♯15
■文化祭 ♯2

プロフ

プロフとはプロフィールの略で、紙のプロフィール（サイン帳）のインターネット版。名前や趣味など、自分の個人情報をインターネットに登録、公開ができる。誰でも閲覧可能である。プロフには、閲覧した人の記録が残る「足跡」という機能があり直接連絡を取り合うことができる。

【HN】
ゆきの
【性別】
女の子
【誕生日】
1992年5月5日17才☆
【血液型】
A型
【住んでいるところ】
神奈川県だよん
【職業】
高校生☆
【身長】
155cm
【体重】
ナイショ（笑）
【今一番欲しいもの】
彼氏
【似ている芸能人】
誰に似てますかぁ？（笑）
写メ見てね☆

ブログ

継続して更新されるインターネット上の日記。1990年代後半から個人の日記を公開するウェブサイトが増え始め、ブログ作成の支援サイト、専用ツールが登場したこともあってブログが次々と開設された。

グループホムペ

プロフなど個人のページ発信を小さなグループで集団的に管理、運営するネット遊び。

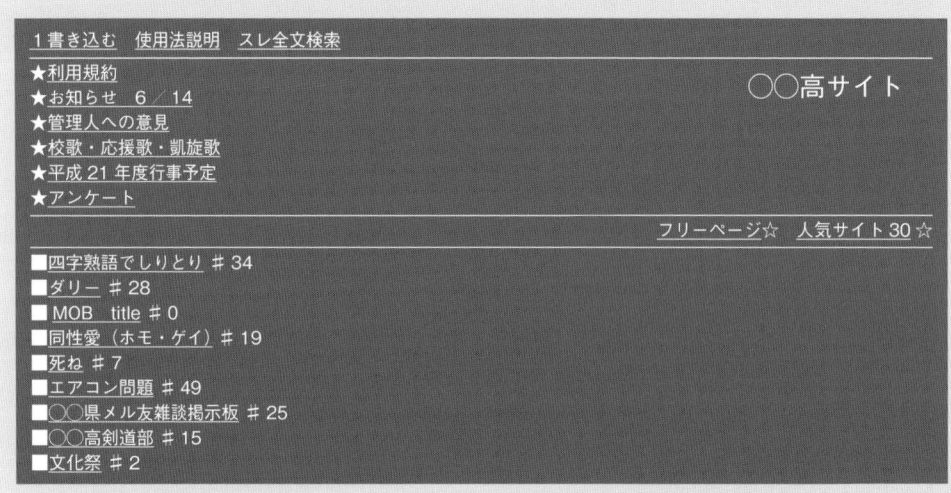

第2章

なぜネット遊びが増殖するのか

女子高生が開いたケータイ市場

私は子ども達がケータイと呼ぶ携帯電話機を「思春期メディア」と呼んでいる。理由は、インターネットができるケータイは、十代の思春期の子ども達の心理ニーズ、つまり小学校高学年から高校生くらいの子ども達の遊びのニーズに応えるよう設計され、改良され続けてきた商品であるからだ。この点を学校関係者は、今改めて認識しなければいけないだろう。

実は二〇〇四年の時点で私は、NTTドコモの幹部社員らからiモード商品化の狙いについて、こんなことを聞かされていた。

「(iモードは)当初から高校生をターゲットにした商品として売り出された。その前後の年齢層もやがては(お客として)ついてくるだろう、と予想していた」「非公式サイトにあるアダルト系、出会い系の提供は、当初から予想しており、ダイヤルQ²のやり方、使い方を研究した。その種のものが儲かることはわかっていた」

実際に、一九九九年に発売されたモバイルインターネットとも呼ばれるiモード型携帯電話は、女子高生を中心とするハイティーンたちがコアユーザーとなった商品である。もっとわかりやすく言えば、異性の友達作りのメディア(ナンパの道具)であったポケベルに夢中の高校生らが、ポケベルのグレードアップ機としてのiモードに飛び付いたのである。何しろ「電話もできるインターネット端末」と言うべきケータイを使えば、メル友ならぬベル友と出会ったりするために数字を文字に読み替えたり、公衆電話の前に並んだりしなくともよいのだ。要するにドコモは、ポケベルや

Key word

ダイヤルQ²

電話による情報サービスの一種。情報提供者に代わって、電話会社(NTT)が電話料金とともに情報料金を徴収するもの。

ポケットベル(ポケベル)

ポケットに入る小型の無線受信端末。液晶画面に数字列や簡単な文字列などを表示でき、普通の電話機から呼び出して文字を入力してメッセージ文を送ることができるが、通話はできない。

ダイヤルQ^{2}ブームという電話時代に生まれた出会いニーズに、強い関心を示していた。一時は出会いのチャット・サービスの提供まで模索していたようだ。

携帯電話会社のこの動きは、子ども達に支持された。ケータイを使えば、いつでもどこでも見知らぬ異性の友達と簡単につながることができ、実際に出会うこともできる。それを子ども達が理解したから売れた。まず女子高生が飛び付き、その子どもの世界のケータイ・ブームに大人が追い、その女子高生の後を男子高生が巻き込まれていった。そのことも、どうやら計算済みだったのだ。

そもそも、子どもが作ったケータイ・ブームに大人が乗ったわけだから、その使い方を注意できるわけがない。もちろん携帯電話会社も、子どもにフィルタリング無しのこの強力なメディアの使い方など注意してはいなかった。「女子高生を中心に若者のニーズに応えるかたちで次々機能改良してきただけ」と幹部社員は語ってくれたが、要するに子どもに御用聞きをして改良する立場だから、子どもに注意などできないし、する気もなかったとみて良いだろう。

実際に電話もできるインターネット端末機の性能改良・商品化は、主として女子高生の欲求に応えるかたちで進み、友達作り（ベル友からメル友へ）、出会い支援サービスから始まり、退屈しのぎ、暇つぶしの道具へと発展していった（図２−１参照）。この間、携帯電話会社はマスメディアの力をフルに使っている。人気のあるお笑い系のタレントにケータイを使わせてテレビに出せば「トラフィック（通信の量）が何十倍にもなる」ことを確かめている。また初期の営業では、「高校の部活のリーダーに売りつければグループ単位でユーザーになる」と言われていた。

ｉモード型携帯電話の小さな画面の中で次々と子どもたちにネット遊びを仕掛けるサイトビジネスが立ち上がっていった。たとえばこの十年の間に、メル友募集から恋愛サイト、着メロ配信サイト、携帯ゲームサイト、携帯小説や漫画サイト、プリクラ遊びサイト、モデル募集にいたるさまざまなネット遊び商売が生み出され変化を遂げてきた。

中でもコミュニティーサイト系と呼ばれるブログ、プロフ、掲示板、ソーシャル・ネットワーキング・サービス（ＳＮＳ）など発信、交流のためのネット・サービス商売が急増、膨大な数の子ども達を液晶画面の中に吸い込んできた。

このようなケータイユーザー向けサイト・ビジネスは、これからも拡大し、今後はネットショッピングから各種アフィリエイトやポイント・サービス、アルバイト募集など物品やカネ（お小遣い）稼ぎのサイトが広がっていくとみられている。

Key word

恋愛サイト

恋占いや恋愛運勢、恋愛診断、相性ゲーム、失恋や恋愛の体験交流ができる。

着メロ配信サイト

音楽をダウンロードできるサービス。無料でダウンロードできるもの、１曲単位でダウンロード料がかかる課金制のもの、月単位で会費を払ってその間は無制限でダウンロードできるものがある。

ブログ

ウェブ上の記録を意味する「ウェブログ」の略。個人の日記などを、公開することができる。ブログはパソコンとケータイのどちらからでも閲覧することができる（詳細はＰ22に）。

掲示板

インターネット上で、さまざまな話題について自由に意見を書きこめるページ。電子掲示板の略。

思春期メディア・ケータイの発達

ベル友遊びからメル友遊びへ

・仲間、異性の友達作り
（メル友募集サイト・出会い系サイト、恋愛サイト）

・遊び、慰み
（プリクラサイト、着メロサイト、ケータイ漫画サイト）

・暇つぶし（SNS、ゲームサイト）

・ストレス解消
（アダルトサイト、アイドルサイト、学校裏サイト）

・自己顕示、表現
（プロフ、モデル募集、ケータイ小説、動画などの各種投稿サイト）

・今後はモノ、カネ獲得のためのメディアに
（各種アフィリエイト、ネットオークション、ショッピング、懸賞、アルバイト、フリマなどの多様なサイト）

ここでは薬物、家出、自殺幇《ほう》助などいわゆるブラックサイトは除いている。

図２−１　思春期メディア・ケータイの発達

ケータイ・デビューとメル友願望

ところで子ども達は、増殖するサイト遊びにどのように吸い込まれていくのか。

ケータイでまず子ども達が最初に使いたがるのがメール機能である。実際に中高生の子ども達に「ケータイで何をしたいのか？」と聞くと「Ｅメール」という答えが即座に跳ね返ってくる。言うまでもなく、Ｅメール（電子メール）はインターネットというメディアの機能のひとつである。下田研究室が二〇〇五年末に行った中高生対象のケータイ利用実態全国調査でも利用目的の第一位がＥメール受発信だった。

ケータイを手に入れた子ども達はＥメールをどのように使うのか。最初は「自分は買ってもらったぞ」、あるいは「これでやっと仲間に入れた」というメッセージを友達に送る。つまりケータイ・デビューだ。そのうち掲示板や各種遊びサイトあるいは出会い系サイトから最近ではプロフなどを使って、顔見知りの友達ばかりか未知の友達を探し出しメールをするようになる。

つまりメールのやり取りだけで会ったこともない友、顔も知らない友としての「メル友」を探し求め、その数を増やすようになる。自分の世界を広げたいという思春期の好奇心、願望からの行為と言ってもよい。

考えてみれば、昔から遠方の見知らぬ友への関心は高かった。手紙というメディアを使ったペンフレンドがそれである。手紙による意思疎通（文通）の次のメディアがポケベルによるコミュニケーションで、これを使って知り合った友を「ベル友」と呼んだ。ポケベルは意思の疎通にとどまらず出会い願望を刺激したが、ケータイは、さらに出会いの行動を効率化し促進した。

ケータイを所有した子ども達は、未だ顔も見ぬメル友への出会いを自然に求めるようになる。未知の友との出会いには、スリルがある。ケータイは、そのスリルを味わうことができるメディアだという認識を思春期の子ども達に与えたと言ってよい。

二〇〇五年末の私達の調査（三三七六人の中高生を対象とした下田研究室のケータイ利用実態調査）では、「メル友がいる」と答えた中高生は四七パーセントで、そのうち三八パーセントが実際に会っていることがわかった。都市部より地方の少年、少女のほうがメル友保有、出会い願望が高いことや、そうした実態を保護者や教師がわかっていないことも判明した。

インターネットの国、アメリカでも子ども達のメル友熱は高いが、一九九〇年代後半の時点で、テレビの全米ネットワークでは、「ご注意！　あなたのお子さんの子ども部屋のパソコンに魔の手が伸びていますよ。」という番組を放送していて、「実際の出会いは危険だ」というキャンペーンを行っている。

日本では、パソコンより注意や見守りが難しいケータイ利用でメル友との出会いに絡む事件が多発している。それなのに、未だまともな啓発番組の一本も作られていない。

実際にｉモード型携帯電話が発売された半年後に、京都で十九歳の女子大生が初対面のメル友に殺されるという事件が起き、その後も同様の事件に巻き込まれた女子中高生も多い。殺人だけでなく、ゲームサイトで知り合ったメル友におびき出され暴行された小学生少女の事例もある。そうした個々の事件の報道はなされるものの、それら事件の背景に共通する子どもをめぐる情報メディア環境の質的、構造的変化についての解説が不足している。とりわけケータイというパーソナルメディア普及に伴う子ども達の意識、行動変化を報道、教育関係者らは未だにとらえ切れていないように思われる。

ネットは思春期の解放区

二〇〇〇年初めにケータイ・ブームを煽《あお》ったテレビや新聞は取り上げなかったが、実はｉモードが発売されて半年後の一九九九年末に、電話業界の監督官庁である総務庁がコアユーザーである高校生を対象に全国調査を行い「新型のケータイに飛び付いた高校生は非行・逸脱傾向がある」と属性分析を行っていた（青少年と携帯電話等に関する調査報告書）。もともとｉモード（ケータイ）は、子どもを縛り付け管理しようという保護者、大人から自由になれる非行・逸脱のツールという魅力を持って登場していたのだ。

考えてみれば、非行・逸脱行為は、ある意味で思春期の子ども達に特有と言うべき心理から派生する。それを反抗の心理と読み替えてもよい。学童期まで保護者や教師に従順であった子どもが大人の世界に向かって歩みだすこの時期、子ども達のメディアに対する関心は急激に高まる。これまでも思春期の子ども達は大人社会を知るための情報を、保護者からではなく、テレビや新聞、さらには成人向けの雑誌やビデオから得てきた。それが今どきの子どもであれば、インターネットから手に入れることができる。情報だけでなく、インターネットを使えば異性でもお金でも入手することができると知っているからケータイが大好きなのだ。

とりわけ思春期の子どもが興味を抱く種類の情報が性とオシャレであろう。言うまでもなく思春期の心は身体の変化を伴っている。自分の性が意識され、自己の価値、魅力の有る無しに関心が高まるとともに異性獲得の衝動が強まる。さらに言えば、思春期の最大の関心事は恋である。ケータイというメディアを手にした思春期の子ども達に、恋愛を扱う情報商品（コンテンツ）や恋愛行動を促すサービスを売り付けようとする業者が現れるのも当然である。

いわゆるケータイ市場が十代の若者を中心に発展し始めてこのかた、恋の占いやら恋の告白、あるいは恋愛疑似体験ゲームなどさまざまなコンテンツ・サービスのサイトが開設されるようになった。その最大のものが出会い系サイトだろうが、ここではあからさまな異性紹介のサイトは外し、遊びの色彩が強いもののみを挙げても、十代の告《こく》り場サイトとか恋のエージェントサービスあるいは恋の占い各種、恋愛運勢、恋愛診断、相性ゲーム、失恋や恋愛の体験交流サイトさらには告白の仕方からデートスポットの紹介、プレゼント作戦など恋の必勝アドバイス・サイトにいたる多様な恋のネット遊び場が人気を博してきた。またそれらのサイトの利用メディアも、パソコンからケータイへとシフトしてきた。それにつれて利用者の年齢も高校生から中学生、さらには小学生へと低年齢化してきた。

思春期前期の小学校高学年ごろから「好き」だとか「嫌われた」など恋の遊びが盛んになる。そこを狙って業者はさまざまな遊びを仕掛けるのだが、恋愛遊びから生まれる子ども同士の感情のもつれをどのように防止するか、妙案など無いと言ってもいいだろう。プリクラも告り場も子どもが喜びそうだから遊びを仕掛けただけだ、というのが業者の本音であろう。保護者や教師など子育ての責任を負う大人のことなど考えていたら、商売にはなるまい。

実際次々と業者が繰り出す恋のネット遊びには、保護者の心配の種が多い。特に思春期後期の子ども達が成人に混じって使う恋愛サイトには、猥褻動画や異性紹介事業者などが貼り付けるネット広告も多く、ここから悪所に踏み込んでしまう恐れは十分にある。恋愛相談、指南や恋愛体験交流といったサイトでは、しばしば年上の女性が男子高校生の恋愛や性の相談に乗っているが、その際に巧みなリンクを貼り付けて高校生を「ご近所サーチ」とか「競れぶりティ」などという出会い系サイトに誘い込んでいるのだ。

そうしたネット業者が子どもに仕掛けた遊びの実態は、子育て・教育に責任を持たねばならない保護者や教師には見えにくく、そのためこの十年の間に子どもたちのネット遊び場は一種の解放区の様相を呈してきた。つまり、日本でケータイ向けネット遊びが繁殖する背景には、保護者や教師の干渉を受けることなく好き勝手に「禁じられたこと」ができる道具を手にして喜ぶ子ども達と、その子ども達を喜ばせて儲けるネット業者の思惑の一致があるわけだ。

問題は、そのように子ども達が業者の手のひらで好き勝手に動いているうちに起きる事件、トラブルの責任を、最後は保護者や教師が取らされるという構図ができてしまったことであろう。

子どもを狙う業者の罠

恋愛系サイト以外にも、インターネット上にはクイズやアンケートに答えて賞品や賞金がもらえる懸賞サイトやプレゼント・サイトなど、今どきの子どもの興味を引くサイトも多いが、その実態も保護者や教師はわからないようだ。そうしたサイトでは利用者に名前、住所、電話番号、年齢、メールアドレスなどの個人情報を要求する。そこから不当請求も発生する。この原稿を書いている最中にも、私どもの「ねちずん村（Ｎｅｔｉｚｅｎ Ｖｉｌという前橋の市民学習サークル）」というホームページに「占いサイトに登録したところ不当な請求に会い、連絡してくれというので返信したら振り込みを要求する不当請求が次々来て困っている」という相談が入ってきた。

たとえば「ゲーム無料です」とうたう各種の無料サイトや懸賞サイトのページでは、詳しい個人情報の入力を要求している画面が出てくる。懸賞に当選した際に必要な情報としては名前と住所があれば十分であるが、性別、生年月日さらには、電話番号、メールアドレス、職種、家族構成など、およそ賞金、賞品を送付するために必要ではないような情報を要求している。このような個人情報は、名簿販売業者や不当請求業者の手に渡る危険性のあることを知るべきであろう。実際にインターネット上の名簿販売業者は、さまざまな個人情報を提供しているが、それらの情報は商品購入のときなどに提供されたもののほか、上記のような懸

賞サイトなどを使って入手したと思われるものなど、さまざまな収集手段が使われている。個人情報は、文字ばかりではない。写真、とりわけ顔写真も個人情報である。顔写真の悪用にはさまざまなタイプがある。一番多いのはカワイイ女の子の顔写真を使って合成猥褻画面にしてしまうこと。これがマニアのいたずらで済めばまだいいのだが、いわゆる猥褻画像販売の悪徳業者が、それらの画像を出会い系サイトやライブチャット・サイトの顔見せ写真に使うケースも多い。

そうした個人情報の悪用では、悪質な個人情報収拾業者らの暗躍がある。彼らは、子ども達の個人情報を騙《だま》し取る手口を「釣り上げ」と称したり、子どもを騙す行いを「カモにする」と言ったりする。なんのことはない。子ども達は、ネット事業者の手の内で泳がされ、釣り上げられているのだ。

問題は釣り上げられた子どもの行動である。被害に遭った子ども達は保護者や教師に相談せず、自分の貯金をはたいて払ったり、闇の職業紹介サイトで危ないバイトをして払い込む事例さえある。恥ずかしい、あるいは叱《しか》られるなどが理由だが、保護者自身が、そのようなネット遊びの危険性はおろか遊びサイトの存在すら知らないため、子ども達も「親に相談してもしようがない」と考えてしまうのである。

確かに保護者は子どものネット遊びを知らない。特にケータイではわが子のネット遊びの相手がわからないのだ。

ゲームサイトで遊んでいた子ども達から個人情報を盗《と》り、脅す。ゲームサイトから攻略サイトに引き込み、さらにそこから不当請求サイトに誘い込み個人情報を盗るばかりか不当にお金まで振り込ませる。ネット遊びにはブラックサイトに引き込む罠《わな》（ウェブ・トラップ）が仕掛けられている。つまり仕掛ける人間がいるのだ。しかし保護者は、「私は子どもを信用している」「うちの子は猥褻や出会い系サイトなどに入る子じゃない」と言っている。世界で最も悪いネット遊びがはびこる日本の現状からして、果たしてそれで良いのか心配になる。

第3章

リスクを発生させる情報環境・構造

米国の母親からの警告

二〇〇四年一月には、ニューヨークから高校生とその保護者を招いて群馬大学の講堂でささやかな市民国際交流会を行った。そのときは、イギリスからも子どもとメディアの研究者やその友人らも参加し、地元前橋からはＰＴＡの役員や教師、さらには大学生や高校生らも出席した。

この「子どものインターネット利用に関する市民国際交流会」では、日米の子ども達のインターネット利用環境の違いがはっきりした。

簡単に言えば、日本の青少年が携帯電話からインターネットの情報環境を使うのに対して、米国の高校生らはパソコンからインターネットの各種メディア機能、情報の利用を行っている。また思春期の子どものネット利用では、米国の保護者はまずパソコンにフィルタリングをかける。そのうえで、最初は子ども部屋への持ち込みを許さず、パソコンを居間に置いて使わせるなど、子どものネット利用の見守り指導をする。

このような営みをペアレンタル・コントロールと呼ぶが、日本では、このペアレンタル・コントロールの努力はほとんどみられない。それが二〇〇四年の交流会の時点で確認された。特にペアレンタル・コントロールの難しいケータイからのインターネット利用では、フィルタリングをかけるという発想もなく、見守り指導も難しい。そうしたことが、ニューヨークの高校生や保護者、イギリスのメディア研究者らとの交流で、群馬県の保護者や教師にもわかった。

交流会では、ニューヨークの高校生が、前橋の高校生に向かってこんな発言をしてくれた。

「僕たちはインターネットをパソコンから使っている。君たちのようにケータイからインターネットは使わない。ケータイの小さな画面でまともな文章が読めるの？　僕らもＥメールをするけど、五本の指でキーボードを使ってメールをする。なぜ親指だけでメールするの。不便じゃない？」

この当たり前とも言える発言に地元の子ども達や保護者、教師は驚いたようだった。さらに、その高校生の母親がこんなことを言ってくれた。

「危ないじゃないの！　なぜケータイからインターネットを、しかもフィルタリング無しで好き勝手にさせているの？　こんな小さな画面で、子どもがどんな情報に接しているか見守りができますか？　私たちは、子どもにインターネットをさせるとき、どんなメル友ができたのか、インターネット上での友達関係も知るようにしています。インターネットは、注意して使っていても、子どもにとって恐ろしい情報が出てくるのです。ケータイからのインターネット利用では、そうした親の注意、指導ができますか？」

このニューヨークから来た母親の発言に反発して日本の親がこんなことを言った。「いいんです。私達は自分の子どもを信じていますから」するとたちまち、こんな風にやりこめられた。「子どもを信じるのは当たり前。信じなければ育てられないが、インターネット時代はそれだけでは無責任です。」

米国から高校生と保護者を呼んで
国際セミナーを開催しました
群馬大学ホール
2004年1月26日
netizenv.org

子どもと業者は喜び、保護者、教師は困る

要するに、日本の保護者や教師はアメリカの保護者に比べ、思春期の子ども達のインターネット利用に注意を払っていないことが、この国際市民交流会で認識された。いやパソコンからの利用より、リスクが高い携帯電話からのインターネット利用では、ペアレンタル・コントロールという考え方さえもないことがわかった。逆に言えば、そういう状況だから日本でケータイが、高校生らに一挙に売れたのだ。

問題は、インターネットが使えるケータイは、思春期の子ども達にとって魔法の杖《つえ》のような働きをすることだ。これを使えば、良いことも悪いことも何でもできる。良いことなら心配ないが、保護者にも教師にも知られることなく、禁じられたことがなんでもできるから心配しなくてはいけないのだ。猥褻な写真や動画を見ることもできるし、違法な薬物やダガーナイフのような凶器も簡単に入手できる。危ない大人と知り合って、売春や詐欺など悪事を働くことさえやすやすとできる。これまでの長い子育ての歴史の中で、保護者はもちろんのこと、社会の大人たちが思春期の子ども達に「こんなものを見てはいけない」とか「そんなことをしてはいけない」と禁じてきたことが、すべてできてしまう。それも保護者や教師などに気付かれること無くできてしまう。そういう道具なのである。

ケータイは、思春期の子ども達を、保護者や教師の管理から解放する道具といっても良いほどである。これまでなら、思春期の子ども達は、保護者の目を気にしてできなかったことでも、ケータイを使えばできてしまう。だから子どもは喜ぶし、子どもが喜んで使ってくれれば業者は儲かる。しかし、思春期の子ども達が禁じられてきたことをやすやすとする結果として、事件やトラブルが増える。そのため、最後は、子育て・教育に

責任を持たねばならない保護者や教師が困る。そうした図式が、この十年間にできあがってしまった。

子育て・教育をするうえで保護者や教師を困らせるこの図式、すなわち子育て・教育の営みにリスクを発生させる構図は、なぜ生まれたのか。

まず第一の原因は、ｉモードと呼ばれたケータイの商品設計、売り方に問題があったと思う。具体的には、ケータイにフィルタリング無しでインターネット機能が搭載され、まず高校生達に向けて安価に売り出されたことである。これにより子どもを見守り育てる保護者や教師の頭越しに危ない情報や危ない人物、危険な物品を、いつでもどこでも子どもにつなげてしまうことができる情報メディア環境が、短期間に形成された。

第二の要因は、ケータイの、そのリスキーな商品特性を保護者や教師が理解できなかったことである。さらに言えば、保護者らの頭越しに、有害情報、有害物あるいは有害人物をつなげてしまうケータイからのインターネット利用の影響力、すなわち携帯インターネットのバイパスのチャンネルを作る力（Ｐ40参照）が可視化できなかったことである。それに気付いたときは、すでに思春期の子どもの健全育成にとって厄介な情報社会環境ができあがっていた。

ことは保護者や教師だけの話ではない。ｉモード・ブームを煽ったテレビや新聞などマスメディアも、携帯インターネットの子育て教育に与える社会的影響を理解していなかったとしか思えない。いや、携帯インターネットどころか、そもそも子どものことを考えるべき立場にある日本の大人達がインターネットというメディアの本質を理解せず、その利用を大人・子どもの区別無く論じてきた。そのことが子育て教育上リスクをもたらす構図を社会に定着させてしまった原因ではないのか。

保護者、教師のためのインターネット・リテラシーを

あるとき某中学校の校長が「インターネットもテレビとさほど変わりはない。あれはテレビの発展型だ」と発言しているのを聞いて、私は驚いた。たしかにテレビもインターネットも液晶画面が使われ、パソコン

やケータイの液晶画面からはテレビも見ることができる。しかしインターネットとテレビは、本質的に異なるメディアである。連続的な発展型ではない。

たとえばテレビで子どもに有害な番組など情報を発信すれば、その発信内容から発信者の責任を問うことができる。換言すれば、テレビはそうした発信者責任を追及できるメディアなのだ。だが、インターネットでは、それができない。インターネットは、逆に有害情報を選んで受信し、その情報を利用する受信者の自己責任が問われるメディアなのだ。その際、受信者が判断力や自制力さらには社会的責任能力の無い未成年者であれば、有害情報の利用責任は保護者が取らなくてはならない。つまり、子ども達にインターネットというメディアを与える以上は、見かけだけではない本質的なメディア理解が保護者に求められるのである。

言葉を換えて言えば、テレビや書籍などマスメディアに比べてパーソナルメディアとしてのインターネットがどのようなメディア特性を持っているのかを、保護者や教師は知らなくてはいけない。つまり子育て・教育の立場からのインターネット・リテラシーを必要とする時代が来ている。そのような観点から、以下に保護者、教師の立場から教育上理解すべきインターネットのメディア特性について必要最低限の解説をしたい。

結論を言えば、子どもにインターネットをさせるならば、保護者、教師は最低限、次の三つのメディア特性に注意するべきであろう。

1　インターネットは、子どもに良い情報ばかりでなく、悪い情報や、良し悪しの判断が難しい情報が混在しているメディアである。

パソコンやケータイなどからアクセスするインターネットの情報環境について、私は教育上、大まかに三つの層（ゾーン）に分類し、保護者や教師に説明をしてきた。

図３-１　インターネットの情報環境

それは①子どもの教育にも役立つ有益な情報層（ホワイト・ゾーン）②有益とも有害とも判断が難しい情報層（グレー・ゾーン）③子どもに見せたくない・子育てや教育上有害な情報層（ブラック・ゾーン）である（図３－１参照）。

つまり保護者の立場からすれば、インターネットの世界は、子育てに良いホワイト・ゾーンと、特に思春期の子どもに触れさせたくないブラック・ゾーン、および思春期の子ども達に良いか悪いか判断が難しいグレー・ゾーン（要注意ゾーン）の三層からなる。

マスメディアの代表であるテレビというメディアの情報発信内容には、青少年健全育成上問題となる番組などの情報発信もあるが、基本的には犯罪や反社会的行為を促すようなブラックな情報発信はありえない。

しかしインターネットというパーソナル・メディアにはブラック・サイトと言われる犯罪・非行を促す発信層があり、この情報層は近年世界的にも増加傾向にある。下田研究室では、そのような構造認識を前提として、特にブラック・ゾーンとグレー・ゾーンの情報層における子どもの危険性を調査、分析してきた。

反社会的な大人が形成するブラック・ゾーンは危険性がわかりやすいし、それゆえ、子どもへの被害防止あるいは対策もしやすいが、子ども達が入り込み、彼ら自身が形成している遊びサイトが中心のグレー・ゾーンは危険性がわかりにくく予防・危険回避もしにくい。ちなみにケータイからのインターネット利用は、各種ネット遊び等グレー・ゾーンに位置付けられるべき情報利用が中心になっている。

このため下田研究室では、グレー・ゾーンの構造分析に力を入れてきた。グレー・ゾーンは、大まかに言えば、大人が形成する情報層（たとえば子ども向けのネット遊びコンテンツ・サービス群）と子ども自身が発信者、管理者となって形成する情報層（各種掲示板、ブログ、プロフ、およびＳＮＳなど）がある。二つの情報層は無関係ではなく関連、連動している。

ちなみに、即時に「悪い」と判断できないグレー・ゾーンのサイトには、落とし穴（ウェブ・トラップ）が多々ある。たとえば一見無難なゲームサイトなどネットの遊び場での出会いの誘いのほか「ゲーム遊びのお金が欲しければクリックしなさい」と登録の誘いがあり、誘いに乗るとアダルト漫画など猥褻情報販売サイト（ブラック・サイト）につながってしまうなどの手口だ。

ブラック・サイトへの引き込みは、ゲームサイトばかりでなく学校裏サイトに貼られた宣伝からブラック・ゾーンに引き込む手口や大型掲示板のアルバイトについてのスレッドに薬物の売買につながる危ない仕事の誘いも入ってくる。子どものプロフに大人がリンクし、大人の猥褻プロフに誘い込んだり、危険な出会いに引き込む手口もある。また、中には流行のインターネットオークションでの詐欺の仕方を教えるブログに子どもを誘いこむ事例もあったし、それを見て実際に実行した中高生の補導事例も事欠かない。

パソコンからより、携帯電話からのインターネット利用でそうしたリスクが高まる。少なくとも我々が十代の若者の携帯インターネットによるコンテンツ利用調査をした二〇〇二年九月の時点での実態からすれば、ケータイからのネット利用では、①の子どもの教育にも役立つ有益な情報層（ホワイト・ゾーン）よりも、②の有益とも有害とも判断できない娯楽、遊び中心の情報層（グレー・ゾーン）や、③の子どもに見せたくない有害情報層（ブラック・ゾーン）のほうが利用数が多いから心配になったのである。

２　インターネット（日本では特にケータイ）は、子どもに利用させたくない情報を保護者、教師の頭越しにダイレクトに届けられるメディアである。

インターネットの母国とも言うべき米国では「インターネットにはダイレクトリンクというメディア機能があるから、子どもに使わせるときは注意しよう」という大人社会の常識がある。ダイレクトリンク（あるいはダイレクト・コミュニケーション）というのは、特に思春期の子どもの成長に要注意の機能で、ネット上の有害情報（子

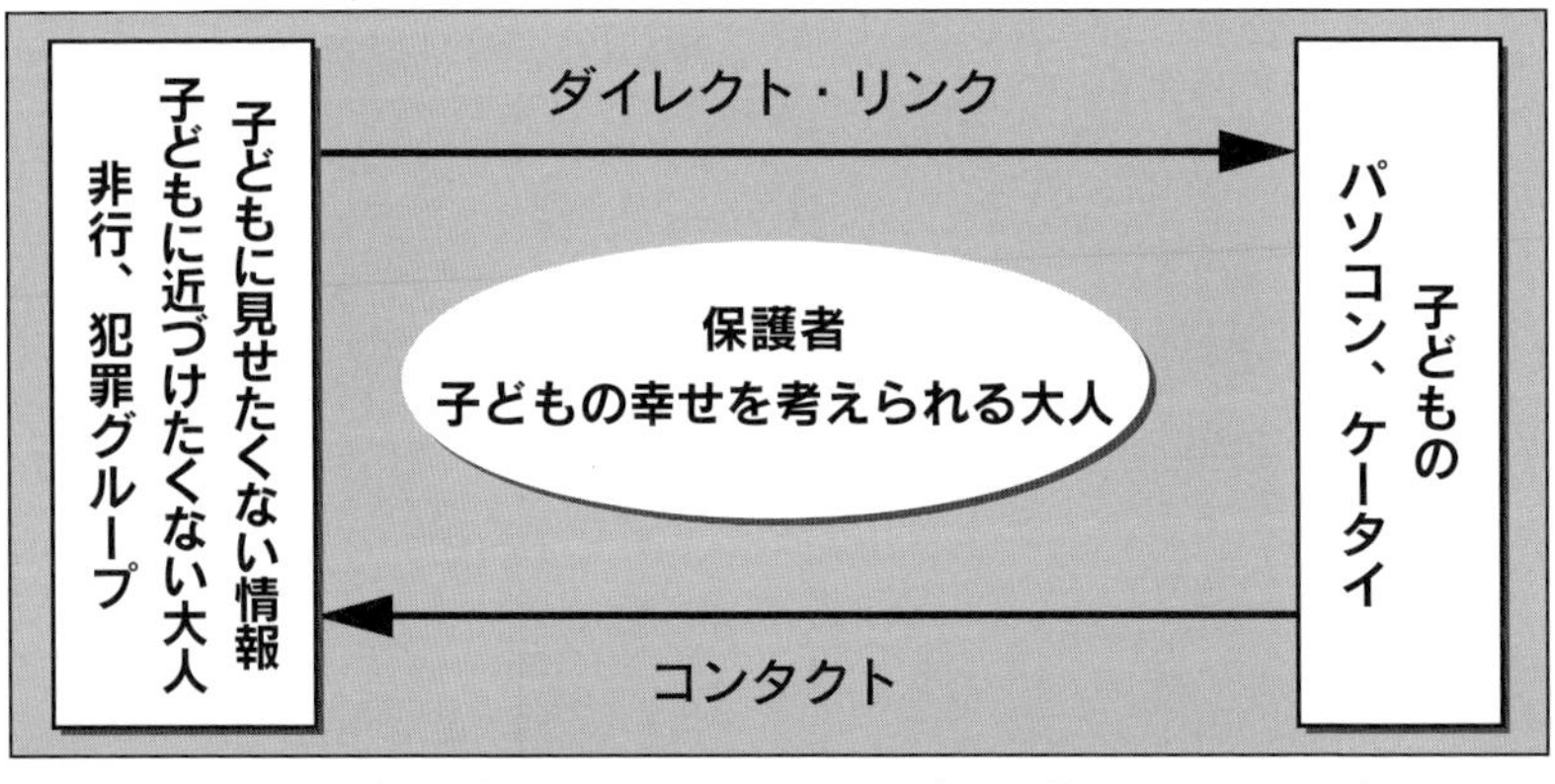

図３-２　バイパス（迂回のネットワーク）を作るインターネット

ども達に見せたくない情報）を保護者や教師の頭越しに直接届けてしまうメディアのサービス効果のことを言う（図３－２参照）。

たとえば同じ電話でも、今の子ども達が「イエデン」とさげすんで言う「家に一台の共有型家庭電話機」の場合、外から見知らぬ中年男の声で「お宅の娘さんと話したいので出してください」という電話がかかってきたのなら、保護者は取り次がないだろう。しかしケータイではそれができない。子ども達が手にしているケータイはインターネット機だから、危険な発信者の声ばかりか、文字でも写真（動画）でも、直接子どもに入ってしまう。そのようなメディア効果をダイレクトリンクというのだ。

情報ばかりの問題ではない。危ない情報を発信するのは善き人ではなく危険な人物である。思春期の子どもがその危ない人物の発信内容に興味を持てば、インターネットはその人物と関係性が持てるよう、取り持ち機能を発揮する。このインターネットの関係性の形成効果をコンタクトと呼ぶ。

つまり、いまや日本の社会には、子どもの最終責任者である保護者や、まともに子どもを育てたいと思っている教師などの頭越しに、見知らぬ危ない大人が未成年の子ども達に直接働きかけることができる「バイパス（迂《う》回のネットワーク）」が形成されたということだ（図３－２参照）。

３　インターネットは、危ない情報から禁じられた危い物品の入手までも可能にするメディアである。

そのようなインターネットができる携帯電話やパソコンが創り出す「バイパス」は、これまで保護者や教師など、まともな大人達が子どもから遠ざけようとしてきた有害情報や危険な物品、有害な器物を、保護者の頭越しにつなげてしまう働きをしている。

具体的に言えば、子ども達は保護者に知られることなく、この迂回のチャンネルを使って書店などでは手に入らないような過激なポルノ画像も入手できるし、「エクスタシー」と呼ばれる麻薬、ダガーナイフなどの凶器をも簡単に手に入れることもできる。実際にケータイ普及が始まった二〇〇一年一〇月には、そうした方法で脱法ドラッグをネット購入した滋賀県の女子高生が死亡するという事件も起きている。死亡にいたらぬまでも、「一緒に薬物を使って遊ぼう」と呼びかけるメル友とつながり、保護者には「友達の家に泊まるから」とケータイで連絡して、揺頭パーティー（麻薬服用のダンスパーティー。頭を振りながら踊ることから名付けられた）に出かけることもできる。実際に二〇〇三年一一月には、東京で男女の高校生たちが、そのようなパーティーで補導、逮捕されているのだ。保護者はその薬物購入プロセスや行動がわからない。

保護者が、子どもにせがまれるままにケータイを買い与え、その使い方に関心を示さなければ、子ども達は禁じられたことでも何でもできる。たとえばケータイで遊んでいるうちに「アダルトグッズ買いませんか？」というネット広告に興味を持てば、親指ひとつで即座に注文データを送信できる。すると注文データを受けた宅配便のトラックが動き出して子どもの自宅に品物が届く。学校に行っている間に宅配便が届けば保護者に中身を調べられる危険があると考えれば、コンビニで品物を受け取り決済をすることもできる。このプロセス全体がバイパスで進行する（図３-３参照）。

バイパスの情報環境を使って、子ども達は危ない品

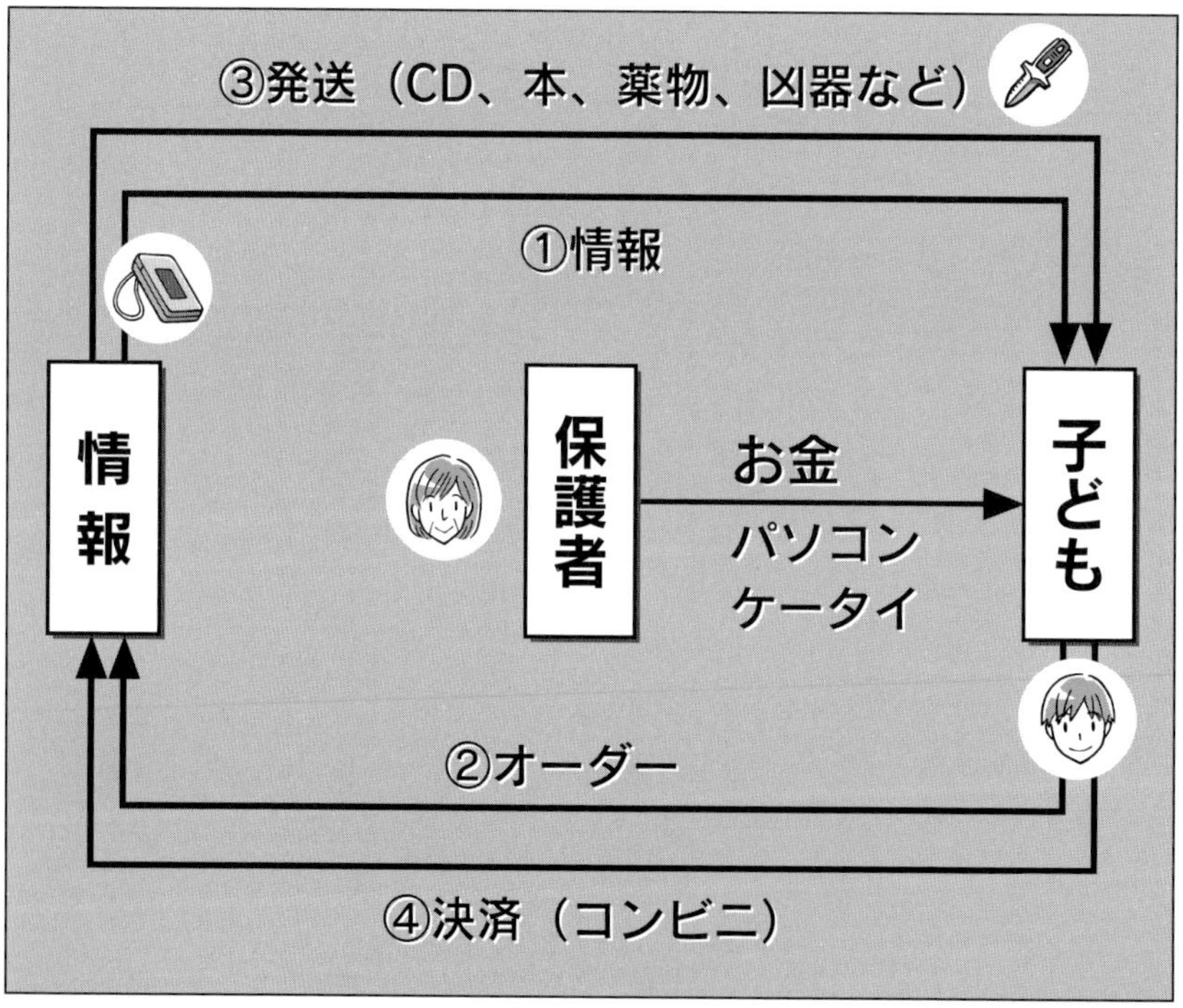

図３-３　バイパスを使う危険物入手の仕組み

物を買うだけではなく、売ることもできる。たとえば保護者に知られずに、下着や自分の身体を売ることもできる。実際に女子高生たちの下着販売も女子中学生の幼い性を売る援助交際も、いまや珍しいことではなくなった。ちなみに保護者にも先生にも知られず少女売春をした少女たちが、こんなことを言っている。

「ケータイがなければ援交なんてできない。街で知らない大人に声をかけるなど、恥ずかしくてできない」

この少女達の証言を、もう少し補足すれば、こういう言い方になるはずだ。

「ケータイで援交すれば、恥ずかしい思いをすることもなく、しかも簡単に、効率的にお金をくれる大人を探すことができる。また、その初めて会う相手と確実に待ち合わせ、行動をともにすることも簡単にできる」

実際に、私はラジオ番組の制作に協力してくれた少女からこんなことを言われた。

「先生はテレビに出て、ケータイで出会い系サイトを使ってはいけない、と言っていたけど、あれはとても便利なモノだから、使わないわけにはいかないよ」と。

とても便利なモノとは、一体どのように便利なのか。

私は少女が自身の身体を売るのに便利な道具と思っていたが、「それだけではない」とその子は言うのである。少女が言うには、ケータイ一台あれば、カラオケの相手が欲しいときは出会い系サイトですぐに探すことができるし、カラオケやライブで遊び過ぎて家に帰るバスや電車がなくなれば「私はこういう女の子ですが、車で送ってくれる人いませんか？」と発信する。すると、すぐに車が現れる。ケータイさえあれば食べものでもお金でも、ブランド品でもなんでもゲットできるというのだ。このプロセスは、もちろん保護者にはわかりにくい。

娘が援助交際して警察に呼び出された保護者たちが決まって言うセリフがある。

「子どもを信じて買い与えたのに、ケータイでこんなことができるとは知らなかった」

日本の大人がいつまでもこんなセリフを言い続けてはいけない。

エンコーする少女達の話を聞いていて、私は、「ケータイはまるで打ち出の小槌《づち》ではないか」と嘆息した。と同時に私は、ろくにお金を持たぬままにプチ家出をして一週間後に警察のお世話になった女子高生が「ケータイさえあれば食べものにも泊まるところにも困らない」と、体験を署員に淡々と語っていたのを思い出し、その理由を改めて理解した。

多分、このメディアを使い込む思春期の子ども達にとっては、ケータイは単に暇つぶしの遊び道具以上のパワフルなツールに見えているのではなかろうか。子ども達は、このメディアを、まずさまざまな遊びの道具に使う。いつでもどこでも、時と場所を選ばず使うことができる。一人で遊ぶのが面白くなければ、ネット上のバーチャルな時空間でも、物理的でリアルな時空間であっても仲間を簡単に作ることができる。遊ぶためのお金がなければ、ネットで自分の裸の写真を売ったり、アフィリエイトしたりして小遣い稼ぎもできる。これまでの思春期の少年少女ならば、やろうと思ってもできないことができる。いや、これまでの子どもが考えもつかないこともできる。これまで、いけないと言われてきたことがなんでもできる。

言うなれば、これは現代の思春期の子ども達が手にした史上最強の遊びメディアなのである。

もちろん最強のパワーを発揮するからには注意して使わせなければやけどもする。リスキーなメディアでもあるのだ。

この場合のリスクは、最強のメディアを使う子ども達だけではなく、それを好き勝手に使わせる保護者にも発生するのだが、そのことを日本の社会の大人が本当にわかっているのだろうか？

「ケータイは教育的にも使える」と強調する教育学者は、バイパス環境のリスクをどう評価しているのか。ケータイを使った教育法を考える前に、広がる火の手を消すのが先決ではないのか。

インターネット利用に必要な三つの能力

私が言いたいのは、まず子どもを守り育てる保護者や教師が、インターネット、とりわけ携帯インターネットというメディアの特性を深く理解しなければいけない、ということだ。それは便利極まりないメディア、史上最強のメディアで、やろうと思えばなんでもできる。くどいようだが、情報ばかりかモノや人までゲットできる。いつでもどこでも移動しながら使うことができるケータイなら、その場、その時に最適の行動（良いことばかりか、悪いことも）を実現することができる。

大人は、携帯インターネットの便利な側面だけ教えておけば、それで事は済むと思ってはいけない。「子どもを信じているから良い」「これだけ高度な技術の製品だから、すべてが都合よく運ぶ」など甘く考えていてはいけない。むしろパワフルな道具であるからこそ、しっかり指導しなくてはいけない。前述したニューヨークの母親は、そうアドバイスしてくれた、と私達は受け止めた。

もはや子ども達はインターネットの情報世界で生き始めている。子育て・教育上はテレビの時代が終わったという頭の切り替えが必要なのだ。そしてインターネットはテレビとは性格、特性の異なるメディアである。特にこれからの子どものネット利用で注意が必要になるのは、その強力な発信力だ。文字ばかりか写真、動画などテレビ並みの放送機能の発展が見込まれる。特にこれからは、動画の投稿遊びが広がる。そのため子どもは情報の受信ばかりか発信責任を負うことにもなる。

子ども達には、発信者のリスクや責任も教えなくてはいけない。子ども達は、往々にして友達同士のやり取りとして、プロフや写メールなど情報の発信を気軽に行っている。しかし、それが間違ったデマ情報であったり、誹謗中傷の情報発信で、そのために誰かを傷つけたりすれば責任問題になる。インターネットというメディアの利用では、お互いの信頼関係のもとに提供された私的な情報であっても、一度その情報が第三者に渡るとまたたく間に広がる。その情報伝播《ぱ》の速さもインターネット普及以前のラジオや新聞時代とは比べものにならないほどである。そのため不用意に発した情報が自分の想像を超えた速さで広がり、想像外の使われ方をする可能性があるというリスクを、ネットの投稿遊びに夢中になっている子ども達に保護者や教師が教えられなくてはいけないだろう。

大人達は親指ひとつで器用にインターネットを使っている子ども達を持ち上げたりしている。しかしインターネットを使う本当の能力は親指が使えるかどうかではない。**「自分が受信した情報の真偽を見極める判断能力」**、さらには**「見たいけど見てはいけないと、心にブレーキをかける自制力」**そして**「自分の発信に責任を持ち、他者に迷惑をかけたら責任を取るという責任感、責任能力」**、この三つの能力がなければ使ってはいけないメディアである。そうしたことを子ども達に教えなければならない時代になった。この十年、私はメディアの研究者として、声を大にして三つの能力の重要性を提唱し、訴えてきた。

インターネットを使うのに必要な
3つの能力
自分が受信した
情報の真偽を
見極める判断能力
見たいけど見ては
いけないと、心に
ブレーキをかける自制力
自分の発信に責任を
持ち、他者に迷惑を
かけたら責任をとる
という責任感・責任能力

第4章

深まる教師の悩み

先生から言い聞かせて

この十年間、下田研究室には、生徒のケータイ利用で教師からの相談が多い。最初に研究室にやってきたのは高校の生徒指導教員だった。相談の内容は多様で、生活指導、校則違反から非行、犯罪的トラブルまで学校現場が抱えるネット問題の種類は増えてきた。

生徒指導教員の相談は多様であるが、彼らが抱えるトラブル内容は時とともに複雑化してきた。ケータイが普及し始めた二〇〇〇年秋の話であったが、急に学校（高校）に出てこなくなった生徒の家に教師が連絡したところ、保護者から「携帯電話がないので仲間はずれにされて、学校に行きたくないと言っている。そういういじめをきちんと指導できないのですか？」と詰問された、と困惑気味に語った教師がいた。そのころはまだ、高校生なら携帯電話を持って当たり前という状況ではなかったが、流行の波は起きていた。だから学校も家庭も、新奇なメディアの販売攻勢にどう立ち向かうかという悩みが主流であった。実際に保護者の中には「携帯電話はお金もかかるし、勉強に必要なものでは無いはず。しかし保護者の口からきついことは言えないので、先生が学校できつく指導してくれませんか」という声も少なからずあった。しかし、そうした声はたちまちかき消されてしまう。

たとえば二〇〇一年六月十四日の読売新聞に、次のような見出しの記事があった。

「心病む教師、生活、進路指導、親とのトラブルで不眠症に…」

この記事は、携帯電話でイタズラを繰り返す生徒の保護者に携帯電話を取り上げるように言っても聞く耳を持たないし呼び出しにも応じない。そうした携帯電話問題で保護者とのトラブルに悩んだ教師が、ノイローゼ状態になったというものである。私の知る範囲でも、このような事例がいくつかあり、珍しくない状態になった。たとえば初期の典型的相談事例として、二〇〇一年六月の次のような教師からの相談メールがある。

「携帯電話を授業中使っていたので取り上げるのですが、相当に神経を使う。子ども達は携帯電話に神経質になっており、教師に利用の中身を知られることを極度に警戒している。保護者も生徒の側について携帯電話の取り扱いに文句をつけてくる。それで、取り上げるにしても、お預かりします、と言ってボックスにいれて鍵をかけたりしなくてはならない。こんなばかげたことをなぜしなくてはならないのでしょう」

実際に、その後高校や中学でも、学校で携帯電話を取り上げたところ生徒が逆上して教師に暴力を振るったというニュースが流れるようにさえなった。

ケータイは生徒の非行を増やすだけでなく、授業妨害の道具にもなってきた。そのため学校内ではルールを作ったりしているが違反も多く、違反をとがめると逆に保護者が怒鳴り込んでくる。そうしたことがあるたびに教師は親に携帯インターネットとは何かを教えねばならない。学校へのケータイ持ち込み禁止で規則を守らせようと躍起になっていた意識のある校長も、ある時期からこんなことを言うようになってきた。

「朝、校門に立って生徒におはようと呼びかけているが、生徒のズボンのポケットからケータイの紐がプラプラ出ている。そのシッポをつかんで引きずり出したいが、できない」

そうこうするうちに、高校で不要な携帯電話の所持が、持って当たり前になり、さらに中学ばかりか小学校でも、各家庭でケータイを買う買わないで親子げんかまで発生。そのため小・中学校の教師が、保護者の悩み相談にまで乗らなければならない状態にさえなっていった。

生徒指導教員からの相談内容

二〇〇〇年の前半から、学校に押し寄せてきたケータイブームの波に、まず生徒指導教員（主任クラス）が翻弄されるようになり、学校への持ち込み阻止はできないまま前述したように多様な問題に直面せざるを得なくなっていった。

以下に、下田研究室がメールや来室、教員研修、講演、シンポジウム会場などで受けてきた中・高校の生徒指導教員からの相談内容を生活指導、非行・逸脱、犯罪被害・加害の三種類に分け、十年間の主な相談事例（明らかなネットいじめを除く）を説明しよう。

1 生活指導の相談　（生徒指導教員から）

◎生徒の携帯電話所有率が増えてから、友達とのメールのやり取りで深夜までケータイを使うようになり学校で眠そうにしている（主に中学）。

◎女子生徒がケータイの料金支払いのため深夜のアルバイトをするようになり、ついには学校を退学すると言い出した（高校）。

◎ネットでアダルト商品を買うようになり困っている。あるいは、夜中に友達からの呼び出しメールを受けて出て行く。気軽に外泊するようになって困るという保護者からの相談にどう対応するべきか（高校）。

◎女子生徒に送られてくる男子生徒からの猥褻メールなど迷惑メールへの対処（中学）。

◎ケータイのメール、写メール、チェーンメール、学校裏サイト、プロフなどケータイの多様なメディア機能を使って嫌がらせをしている。止めさせたり予防したりする方法はあるのか（中学・高校）。

◎恋愛サイト利用の恋のさや当てトラブルを止めたい（中学）。

② 非行・逸脱行為に関する相談　（生徒指導教員から）

◎暴走族・ギャル系の非行グループがネット（メールやプロフなど）を使って後輩を引っ張り込もうとしている（高校・中学）。

◎授業中ケータイを使っている。取り上げると暴れるし、保護者がケータイを返してやってくれと怒鳴り込んでくる。どうしたらいいか（中学・高校）。

◎階段の下からケータイのカメラを使って女子生徒のスカートの中を盗撮したりしている。男子生徒ばかりか女子生徒もやっていて困る（中学・高校）。

◎まじめな女子生徒が他校の不良と付き合い始めた。ケータイのゲームサイトで知り合ったらしいが、止めたいけれどどうすればよいのか（高校）。

◎学校裏サイトやプロフで他校の生徒に喧嘩を売って暴力事件に発展した（中学）。

◎ケータイを使ってアダルトグッズやバイアグラを買っているらしい（中学・高校）。

◎授業中に外から呼び出しメールが入ってきて、教室から出ていく（高校）。

３ 犯罪的被害・加害に関する相談 （生徒指導教員から）

◎ケータイを使ってグループで売春をしていることがわかった。子ども同士でお客を紹介しあっているようだが、実態がつかめない（中学・高校）。

◎ケータイのアダルトサイト利用で高額請求され、親子で相談にきた（高校）。

◎男子生徒がグループで女子生徒をレイプして、その様子をケータイのカメラで撮影して脅した（中学）。

◎ネットオークションで詐欺行為を働いて警察に補導された（高校）。

◎学校裏サイトを使って猥褻な書き込みや写真の交換をしている（中学・高校）。

◎複数の女子生徒がクラスの１人の女子をメールで脅している（高校）。

以上、下田研究室が相談を受けたり、悩みを聞いたりしたいくつかの象徴的事例を挙げたが、私どもの体験では、まず生徒指導教員達が子どものケータイ利用で最も多様な問題に直面してきたようだ。

養護教諭からの相談内容

生徒指導教員からの相談は、高校を中心に二〇〇〇年ごろから増えたが、二〇〇五年ごろからは養護教諭からの相談が増えてきた。養護教諭からの相談は、生活リズムの乱れや思春期の心身の変化にともなう病理、悩みなどの健康相談を除けば、人間関係のトラブルやそれに関連した性的関係、性に絡むケータイ問題が多い。また、生徒がインターネットの間違った性知識・情報を信じていて困るとか、プロフ、学校裏サイトを使ったもめ事が理解できないなど、子ども達のメディア環境の変化への戸惑いが多い。

1 生徒の性的関係に関する相談　（養護教諭から）

◎女子生徒が妊娠をしてしまった。あるいは、中絶の相談に来た。相手を尋ねると、複数の男子生徒あるいは成人男性で、ケータイを使うとなぜこのように異性関係が複数化するのか教えて欲しい（中学・高校）。

◎生徒（男女）が性感染症の相談に来た。相手が複数で、名前や住所（成人男性の場合は職業、年齢）もわからないという。なぜこんなことになるのか（中学・高校）。

◎インターネットに氾濫《はんらん》する性知識（避妊など）の真偽に関する相談。サイトの見つけ方、判断基準などについての質問、相談など（高校）。

◎プロフや学校裏サイトが、異性関係の形成にどう使われるのか（中学・高校）。

2 人間関係の複雑化による悩み相談　（養護教諭から）

◎授業中気分が悪くなったということで保健室に来て、ベッドの中でメール交換をしている。メールで悩み相談できる相手を簡単に探せるのか（中学）。

◎メールのやり取りの誤解から友人と喧嘩になった、というがなぜ誤解が生じやすいのか（中学）。

◎匿名の掲示板の書き込みで知られたくないことがばらされている、という訴えにどう対処すべきか（中学・高校）。

◎友人がセックスや変態小説など知りたくもない情報を送りつけてくる（中学）。

◎プロフやブログで仲の良かった友人と関係が悪くなった（中学・高校）。

どこの保健室でもそうだが「薬物に手を出さないで！」というポスターなどが壁に貼ってある。その保健室に「自分は薬物は使っていないけれども、友達が使っているのでそれをやめさせたいと相談してくる生徒がいる」とか「面白半分にバイアグラをネットで買ってしまったという相談を受け驚いた」という養護教諭も二〇〇五年ごろから出てきたのだ。

また、保健室は気分が悪くなった生徒が体を休めるためベットが用意されているが、それを使って、授業中できないメールをしに来るので困るという悩みもよく聞くようになった。たとえば「授業中気分が悪くなったということで保健室に来て、ベッドの中でメール交換をしている。どんなことを誰とやり取りしているのかを尋ねたところ、メル友に友人関係の悩みを聞いてもらっているとのことで、ショックを受けた。以前なら私たちに相談していたはずなのに…」という具合である。

私は、この話で「ショックだった」という部分に注目した。注目点は二つある。ひとつは、以前なら相談を受けるべき養護教諭自身の立場がケータイで無くなった？という疑い。もうひとつは、日常接している生徒の友人関係がわからなくなるのでは？という恐れである。

仕事の達成感が無い

実際に養護教諭ばかりか生徒指導教員も、ケータイの普及で生徒の友人関係がわからなくなり、事件やトラブル対応がしにくくなったとか、生徒の相談に乗りにくくなったという悩みを、よく聞くようになってきた。

一例として高校の養護教諭の最近の悩みを、以下インタビュー形式で紹介しよう。

○養護教諭へのインタビュー（二〇〇九年一月）

筆　者　最近の保健室での相談傾向について聞かせてください。

養護教諭　生徒からケータイ絡みの悩みやトラブルなどの相談でこのところ多いのがプロフを巡る男女間のトラブルです。それにまつわって友人関係もこじれてしまったとか。たとえばプロフィールサイトを生徒の彼氏が公開していて、みんながそれを見て、もちろん彼女もそれを見て、一喜一憂している感じですね。あれは見るだけでなく書き込みができますよね。それでうちの女子生徒以外の別の学校の女の子がその女子生徒の悪口の書き込みをしてトラブルが発生しているとか。

筆　者　友達に匿名で悪口を書き込まれた生徒が相談に来たわけですね。

養護教諭　実名で悪口を言われているわけではないのだけれども、「これは私のことだ」とわかるような書き方をされていて、「どうしたらいいんだろう」というような話は一年で数件はありましたね。

筆　者　最近の思春期トラブルですね。

養護教諭　そうですねぇ。特徴的なのは、直接話さないというところなんですね。

筆　者　直接話さないというのは？

養護教諭　彼氏と彼女はそのことについて直接話さないし、彼女とその友達も直接話さないんですね。

筆　者　つまり、相談に来た、仮にA子さんとすると、A子さんはプロフを発信している彼氏にも言わないし、悪口を書き込んでいる友達にも言わない。一人で悩んで先

生のところに来たわけですね。

養護教諭　公開されているからほかの友達も見るじゃないですか。その友達には相談しているんですよね。しかし当人同士とは直接の話はしていない。

筆　者　避けてるんですかね。いつごろからこういうプロフのような、ネット絡みの悩みを受けるようになったんですか?

養護教諭　昨年度くらいからですね。その前もあったけど今年度ほど多くないです。

筆　者　そうですか。そもそも、先生のお仕事というのは、体の調子が悪いとか、けがをしたとか、頭が痛いとか、どうもあんまり学校へ来たくないとか、そういった生徒の心身の悩みを受けるわけですよね。

養護教諭　はい。

筆　者　五年ほど前に聞いた養護教諭の先生の話なんですけどね。生徒が悩んでいるというから、聞いてみると、どうも悪口を言われていると。「どこで言われているの?」と聞いたら、「ネットで」と答えたそうなんです。「ネットって何?」っていう話になって、「プロフって何?」っていう話になったんですね。前なら教室の中での出来事が、今はネットの中での出来事になっているんですよね。ネットの中での出来事が原因で生徒が保健室に相談に来るようになったと。これが5年くらい前の話ですけど。子どもの相談の背後に、ケータイやネットが絡んでいるなと思い始めたというか、感じ始めたというのはいつごろですか?

養護教諭　本当に感じ始めたのは、昨年度からですね。

筆　者　そうですか。

養護教諭　それまでも、もめ事とかあって、教室にいづらいからって保健室に来る生徒はいたんですけど。まぁ、よくよく突き詰めて聞けば、その裏にケータイとかがあったというのはわかったのかもしれないんですが、あまりにも生活に入り込んでいるので…。

筆　者　ある時期まで、子ども達のもめ事のきっかけにはケータイがあるだろうという前提で話を聞いたりしてはいなかったということですか。

養護教諭　そうですね。もめ事のやり取りはケータイでやっているんだろうなというのは。

筆　者　なるほど。生徒がそういうネットのことで悩んでいて、困って来る場合、先生はどうなさるんですか?

養護教諭　まず第一に話を聞いて…本人も話すことによって、状況が整理されると思うんですよね。今後どうするかっていうことを一緒に考えて。基本的には一時間授業を出なかったわけだから、担任の方に加わってもらうとか、本人が希望する先生がいればその先生に加わっていただいて、何とか解決する方向に持って来たつもりなんですけれども。

筆　者　たいていお一人で解決するというのではなくて、何人かの先生と一緒にという感じですね。

養護教諭　内容にもよりますけどね。いろんな生徒が絡んでいる場合にはこちらも一人では把握できない部分がありますので。

筆　者　先ほどのA子さんの場合は、悪口は相当ひどいものだったんですか?

養護教諭　本人にとってはひどかったんでしょうけどね。

筆　者　先生から見たらどうですか？　こんなことで傷つくか、という気もしますが…。
養護教諭　いまいちピンとはこなかったんですけどね。画面で見せてもらったんですけど。本人は深く傷ついているみたいでしたね。
筆　者　ちょっとした言葉でもね。ぼくらの中高生時代は、面と向かってばかって言われても笑って言われればたいしたことはないと思いますけどね。ケータイで液晶画面上の文字になると、感情の読み取りが難しくなって傷つきやすいのかな。
養護教諭　そうですね。
筆　者　やはりそういう感じですか？
養護教諭　「ウザイ」とかってよく言うじゃないですか。そういうのが嫌なんだろうなと思うんですけどね。
筆　者　子どもたちは、日常的に対面で「ウザイ」とか言ってるじゃないですか。
養護教諭　そうですね。人には言っているけど、自分が言われるのは嫌なんでしょうね。
筆　者　人を傷つける言葉以外に、デマとかは傷つきますよね。
養護教諭　そうですね。要するに真実ではないことを書かれてしまうわけですよね。そういう場合もいろんな人が絡んでいるから、だんだん把握しきれなくなってくるんですよね。
筆　者　それはどういうことですか？
養護教諭　例えば三人だけの問題とかじゃなくて、その友達も絡んでくるとか。
筆　者　今のケースで言うと、Ａ子さんとＡ子さんの女友達と彼氏という関係ですよね。それ以外に…？

養護教諭　ずっと話を聞いていくと、彼氏の友達が自分の中学校の時の友達でとか…だんだん広がっていくんですよ。
筆　者　ネットでつながりがあるんですね。
養護教諭　どんどん広がるんですよね。
筆　者　僕らは、中学生から高校に入ると、中学の時の友人関係って切れちゃうじゃないですか。今ではネットではつながっているんですね。
養護教諭　そうですね。たまに遊んだりしているみたいなので、そうするとよけいつながりますよね。
筆　者　そうですよね。お互いにアドレス知っていて、暇だから話していると。
養護教諭　そうですね。
筆　者　そうすると先生大変ですよね。自分の学校の生徒以外の他校の生徒の話も出てくるわけですからね。
養護教諭　そうですね。なので、生徒の話す内容がどんどん複雑化していって不明になりますね（笑）。
筆　者　ははは。関係者が増えるんですね。
養護教諭　把握しきれなくなって。本人はよくわかっているんですけどね。
筆　者　相談されるほうは把握しきれなくなる。十年くらい前でこんな道具がなかった時は、生徒達が友達と喧嘩をしたとかうまくいっていないっていうと、クラスの子か先輩かくらいで、だいたい人間関係が限定したところでイメージできたと。
養護教諭　そうですね。

筆　者　イメージできなくなってるんですね。

養護教諭　顔がわからないし。

筆　者　なるほど。おたくの学校に限らず、どの先生も共通の悩みじゃないんですか。

養護教諭　そうだと思いますね。登場人物がどんどん増えていくからわからなくなっちゃうんですよね。

筆　者　それはそうですよねぇ。それじゃあ、図を描いてやらなきゃいけないですよね。

養護教諭　真剣に聞かなくちゃいけない時は図を描きますけど（笑）。

筆　者　そうですか（笑）。ようやく聞き終わって、「じゃあ、あなたはどうしたいの？」と聞いたら「こうしたい」と言うんですか？

養護教諭　解決したいから来たんでしょうけれども、「どうにもならないからどうしよう」という言い方が多いような気がしますね。彼氏との間をきちっとして、友達との間もきちっとして、スッキリさせたいと言う方が少ないですね。「どうしようもならないの」とかっていう方が多いですね。

筆　者　でも、「どうしようもならないの」とか言うのは相談に乗れないじゃないですか。

養護教諭　そうですね。泣いて発散することによって「少し楽になった」とかって言うんですよね。

筆　者　へぇ。じゃあ聞くしかないわけですね。

養護教諭　そうなんですよねぇ。こっちも気持ち悪いんですけどね、解決しないので…。仕事の達成感はありませんよね。

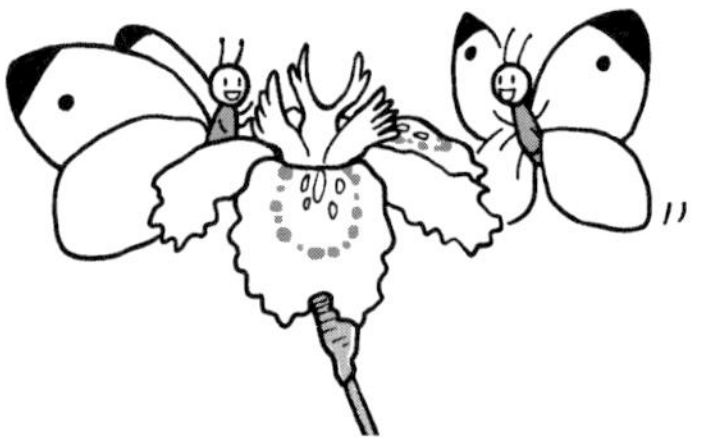

時空の広がりに追いつけない悩み

前記のインタビューでわかることは、インターネットというメディアが、生徒達の人間関係の作られ方、維持のされ方やコミュニケーションの仕方に大きな影響を与え始めたということだ。しかし、教師のほうはその変化にうまく対応できない。そういう悩みが生まれている。

この十年くらいを見ていると、子ども達は友達の数を増やすことに躍起になっているようだ。この傾向は、ポケベルというメディアの時代から始まった。当時は「ベル友」という言葉も生まれたほどで、ポケベルで作った友達、つまりベル友の数が多ければ多いほど自慢できるというティーンエージャーのサブカルチャーが生まれた。それを拡大したメディアがｉモード型携帯電話だった。高校生達はケータイでまだ見ぬ友達のリストを効率的に作ることができるようになった。またケータイを使って見知らぬ土地の非対面のメル友に、実際に出会うことも簡単にできるようになった。つまり友達作りの空間的広がりが出てきた。

二〇〇〇年の後半ごろから「これまでなら全く関係がなかった他校の生徒とうちの生徒が喧嘩、暴力沙汰を起こすようになった」とか「他県の遠く離れた生徒とうちの生徒が異性関係でトラブルになって相談を受け驚いた」というように、地理的空間を越えた問題行動に対応せざるを得ない状況が報告されるようになった。

友達作りは、未知のメル友に限らない。既知の友達も増えていく。小学校の友達も、さらに中学校の友達もメモリーのリストの中でつながっていく。かつては中学校から高校へと進学すると友達関係は一新されたが、今はそうではない。そのままつながっていく。我々の時代は、友達というのは顔が見えていて、クラスの中で知っている関係で過ごしたし、教師もそうした生徒の友人関係は把握しやすかった。友達の数も、日常生活上関係している者の数はさほど多くはない。しかし今は、日常生活で関係していない友達、卒業した時の友達とか、他校の見たことのない子も全部入れて、友達リストを持ち人間関係を構築し維持している。そうしたなかで関係性が切れない。良い関係なら良いが、悪い関係も続く。悪い関係というのは、たとえば、不良仲間との関係も転校するとか進学して学校が変わっても切れない。従来であれば、そこで切れて、親も悪い関係ならやっと切れたから良かったと安心する。しかしプロフ友達とかメル友関係というのはそうではない。その時間的つながりの拡大が生徒指導教員や養護教諭の先生達の負担になってくる。

中高生世界へのケータイの急速普及により、生徒の生活指導の時間空間的異変に教師が振り回され始めている。学校は子ども達の生活の時空間異変に追いつけない状況が今後も続くと思われる。

第5章

ネットいじめの時代に

「誰からいじめられているのかわからない」という相談

教師を悩ますネット問題のなかでも、新しいいじめとも言うべきネットいじめに注目が集まっている。

私が最初にケータイのインターネットを使ったネットいじめの相談を受けたのは、二〇〇一年のことであった。高校の生徒指導教員が、こんなことを言ってきたのだ。

「生徒からいじめられている、という相談を受けたのですが、何を言っているのかわからない。いじめられているというから、相手は誰だ？　場所はどこだ？　教室か？　学校のどこだ？　と聞いても、誰からいじめられているのか、わからない。場所はネットだ、というのですが、これってなんですか？　生徒の言っていることが理解できなければ相談に乗れない」

確かに、これまでのいじめならば、いじめられているほうが誰からいじめられているかわからないなど言うわけがない。教室で自分をいじめているのは「あいつだ」とはっきり言える。しかしネットいじめでは、それがわからない。いじめっ子から匿名で他人に知られたくない事柄や悪質なデマを面白おかしく言いふらされたりすれば、誰から攻撃されているのかわからない。昼間学校に行って教室で級友らが、ネットに書かれた誹謗中傷を話題にしていれば、からかわれたりばかにされたりする。そうすると学校に行けなくなる。こういう悩みを抱える高校生が、二〇〇一年から二〇〇二年にかけ増えてきた。背景には、急速に広がったケータイ利用がある。

私は、生徒指導教員にこう説明した。「あなたが受けた生徒からのいじめ相談は、インターネット時代に増えていく新しいタイプのいじめです。従来のいじめを、教室などの対面で人間関係をつくる空間で起きたいじめだとすれば、ネットいじめはネットの遊び場とも言うべき非対面の交友空間で、加害者が誰かを特定しがたいかたちで起きるもので、教師の皆さんには見守り指導が難しい厄介ないじめになるはずです」

いじめ対策では早期発見が重要と言われる。しかしネットいじめは、発想を変えないと、その早期発見が難しい。教室でのいじめの人間関係は、目を凝らし、これまでの生徒指導の経験を生かせば早期に危ない兆候をつかむこともできるが、ネットいじめは教室の外での、それもネット上での人間関係から派生するものであるから把握しがたいところがある。

いじめを「生徒の人間関係の悪いケース」と規定し、生徒の人間関係を形成する空間を教室を含む学校という教育空間とするならば、子どもの世界でのインターネット普及によって第二の人間関係形成の場が生まれ、その新しい関係形成の場において従来とは異質ないじめが発生しているのだ。

ネットいじめとは

インターネット、とりわけケータイからのインターネット利用が子ども達の世界から広がったことで生まれた「ネットいじめ」について、文部科学省は二〇〇六年に「パソコンや携帯電話等で、誹謗中傷や嫌なことをされること」と認知をした。しかしこの程度の現象理解ではネットいじめの本質が理解できないし、対策にも発展しない。

私は、埼玉県教育委員会が二〇〇九年一月にとりまとめた報告「ネットいじめ等の予防と対応策の手引き」で以下のようにより深くネットいじめを定義した。

「『ネットいじめ』とは、これまでの教室内あるいは学校構内での対面的人間関係の場で行われる罵倒、暴力などのいじめとは異なり、インターネット上での非対面あるいは匿名的人間関係の場面において発生するいじめである。そうしたネットいじめは、ネット内に止まらず、教室などでの従来の対面的人間関係の場におけるいじめを促したり、逆に教室での人間関係の悪化がネットいじめに移行することもある」

上記の記述からもわかるように、ネットいじめという現象は、インターネットを介した生徒達のコミュニケーション行動から派生する新たないじめ行為と言えよう。

後述するが、教師の立場からすれば、このようなネットいじめの行為は、発見・認知も難しく、それゆえその種のいじめ行為を止めさせたり予防したりすることも難しい。ネットいじめの中には、初めから特定の生徒を狙った計画的なものから、Eメール・コミュニケーションの過程で偶発的に発生するものまで多々あり、そのうえ被害者からすれば誰からいじめられているのかわからない、言い換えれば、加害者が特定できないというケースも多い。さらには携帯電話のインターネット利用によるいじめであることから、被害生徒からすれば二四時間攻撃にさらされるというリスクが発生する。

要するに、従来のいじめ行為の発見から介入、防止などを示したマニュアルでは対応ができないという点で、「ネットいじめは新次元のいじめである」と言うこともできる。

ネットいじめの特徴

ネットいじめは、教室など従来の実空間におけるいじめとは質的に異なるいじめ行為である。そこで以下に、インターネットのコミュニケーション空間におけるネットいじめの特徴を説明したい。

まずインターネットというメディアを使ったいじめは、いじめっ子が非対面でいじめを仕掛けることができるという特徴がある。従来の、教室のような学校生活の空間や街中の公園、市街地など物理的、地理的生活空間におけるいじめ行為は、強者が弱者と対面し、腕力で痛めつけたり直接的に言葉の暴力で弱者を脅したり辱めたりするものであった。しかしネットいじめは、インターネットの各種のメディア機能（学校裏サイト、プロフ等）を使い、非対面で相手が嫌がる情報攻撃を仕掛けることができる。このため加害者（いじめている側）は、被害者の心の痛みを感受することもなく、気軽に、時にはいたずら・面白半分の遊びの延長でいじめ行為を発展させてしまうこともある。

匿名通信を特徴とするインターネットというメディアを使ったいじめでは、いじめっ子が匿名あるいは仮名ないし変名でいじめを仕掛けることができる。つまり加害者は自分の正体を隠して、被害者をいじめることができる。まるで民話の「天狗《ぐ》の隠れ蓑《みの》」を着ていたずらするようにいじめ遊びができる。このため「誰からいじめられているかわからない」という悲鳴があがるのだ。とりわけ匿名のコミュニケーションでは、対面では言えないような本音や過激な表現が出やすいことからいじめ言葉がエスカレートしやすい。

メディアの発達が裏目に

メディア論的に言うならば、従来の教室、学校内でのいじめは、自らの身体をメディアとして使い、対面で加害者が被害者をにらみつけたり、罵倒したり、その延長として身体的暴力を振るうなどの行為が一般的である。道具を使う場合でも、黒板や便所の壁さらにはノートの切れ端などに悪口を書いていじめの対象者を嫌な気持ちにさせるなどの手口が古くから使われてきた。これに対して、インターネットというメディアを使ったいじめは、加害者が自らの身体をメディアとして使うことはない。だから身体的な力の優位差を前提とした、古典的ないじめとは質が違ってくる。むしろネットいじめではいじめの対象者が嫌がること、恐れることなどを表現し、発信する機器操作や情報収集・編集能力が求められる。この場合、いじめに使われるインターネットというメディアの技術進歩によりネッ

トいじめの効率化も進んでしまうというリスクも派生する。技術進歩が裏目に出るのだ。

要するに、ネットいじめという現象の認識・理解で重要なことは、メディア技術の進歩である。特に今後も発展が予想されるインターネットというメディアの進歩が、新しいいじめ行為の発生と進展を考えるうえで大きな検討要因となる。

実際にこれまでもインターネットを使ったネットいじめは、それ以前のいじめツール利用のパラダイム・シフトを促してきた。たとえば、ノートなどの紙媒体や黒板、校舎の壁などに書かれた悪口や中傷文は、それを見る人の範囲も限られ、記録性も低い。つまりいじめ文などを簡単に消去できる。しかしトイレの壁や黒板と違って、パソコンやケータイの液晶画面に書かれた悪口やデマは、インターネットの発信情報として広がり、内容によっては膨大な人の知るところとなる。しかも、それは消去も難しく、たとえ発信内容が消されたとしても、ネットワークにつながっている無数のパソコンのどれかに保存され再び多くの人の目に触れる可能性もある。このためネットいじめの被害者にとっては、自分を害する情報にいつまでも苦しめられるという結果が生まれる。

高まる悪質度

これまでの教室などでの対面のいじめは、そのいじめの場から離脱すれば、たとえ一時的にせよ、被害を受けずに済んだ。しかしインターネットを使ったいじめは、いじめが行われる空間から離れても被害が続く。ネットいじめ、とりわけケータイのインターネット機能を使ったいじめであれば、いつでもどこでも二四時間いじめることができる。

情報によるいやがらせやいじめはもとより、それ以上のこともできる。夜中でも相手を呼び出したり、酒やタバコなどを買うように脅迫的メールを送り、被害者を管理することもできる。つまりいじめっ子がいじめられっ子を二四時間支配下に置くことさえできるのだ。これは究極のいじめ道具と言ってもよい。

ネットいじめは、被害者のクラス替えや進学にも無関係に続けることができる。また被害者が転校しても、転校先の子ども達とネットで連携していじめができる。インターネットを使えば、いじめっ子は時間と空間の制約無く、いじめ行為ができてしまう。このようなネットいじめは、従来のいじめに増して被害者の苦痛を増幅させる。

要するにインターネットが普及する前と後では、いじめの質が大きく変化した。対面のいじめは非対面化し、匿名で、しかも時間や場所の制約無しに行うことができるようになった。つまりいじめがしやすくなった。さらに言えば、互いにいじめ合う関係になった。そのため自殺、自傷に追い込まれるケースも増える危険性が高まっている。特にネットでは、いじめられっ子も反撃することができる。そのため互いに傷つけ合う構図が見えてきたことから、思春期の子ども達の間に人間不信の感情が広がっていくのではないかという怖れも強まっている（図５−１参照）。

教師からすれば、そうした被害の度合いが増大するいじめ、つまり悪質なネットいじめは、発見も難しいうえ、いじめ行為の阻止もしにくいことになった。当然教師や学校側のリスクは大きくなっていくのである。

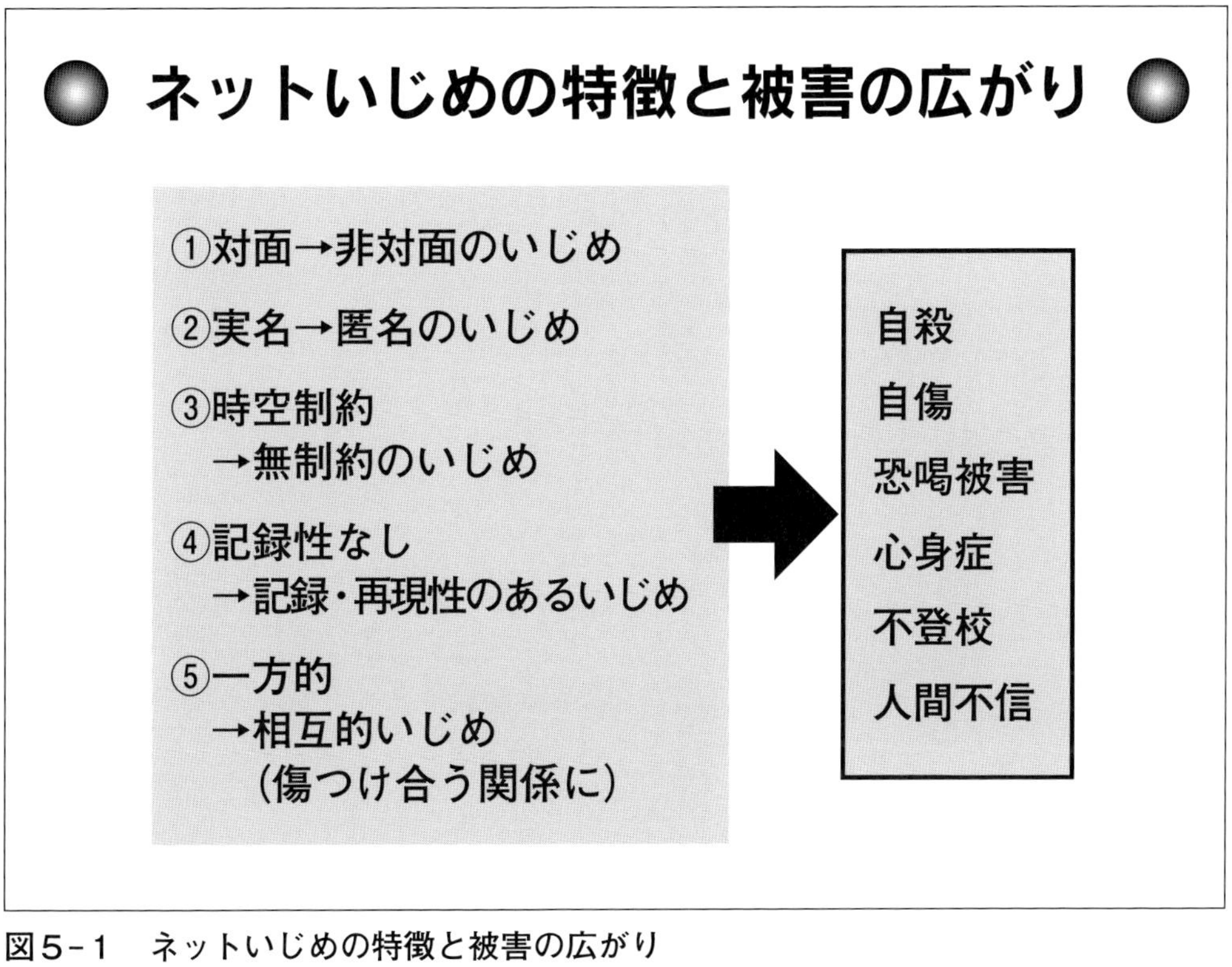

図５−１　ネットいじめの特徴と被害の広がり

ネットいじめの実態と広がり

中高生へのケータイ普及とともに広がったネットいじめは、実際にどれくらいあるのか。平成一八年の文部科学省の調査の後、各地の教育委員会が実態調査に乗り出した。たとえば埼玉県では、「ネットいじめ等対策検討委員会」を組織し、実態を調べるために県内公立中学・高校の三年生一万九三三九人（中学生一万三六〇五人、高校生五七二四人）へのアンケート調査を行った（平成二〇年七月十日〜三一日）。

その結果、「平成一九年度以降ネットいじめが身近にあった」と答えた生徒は、中学生で二〇・三％、高校生で二五・八％あった（図５−２参照）。

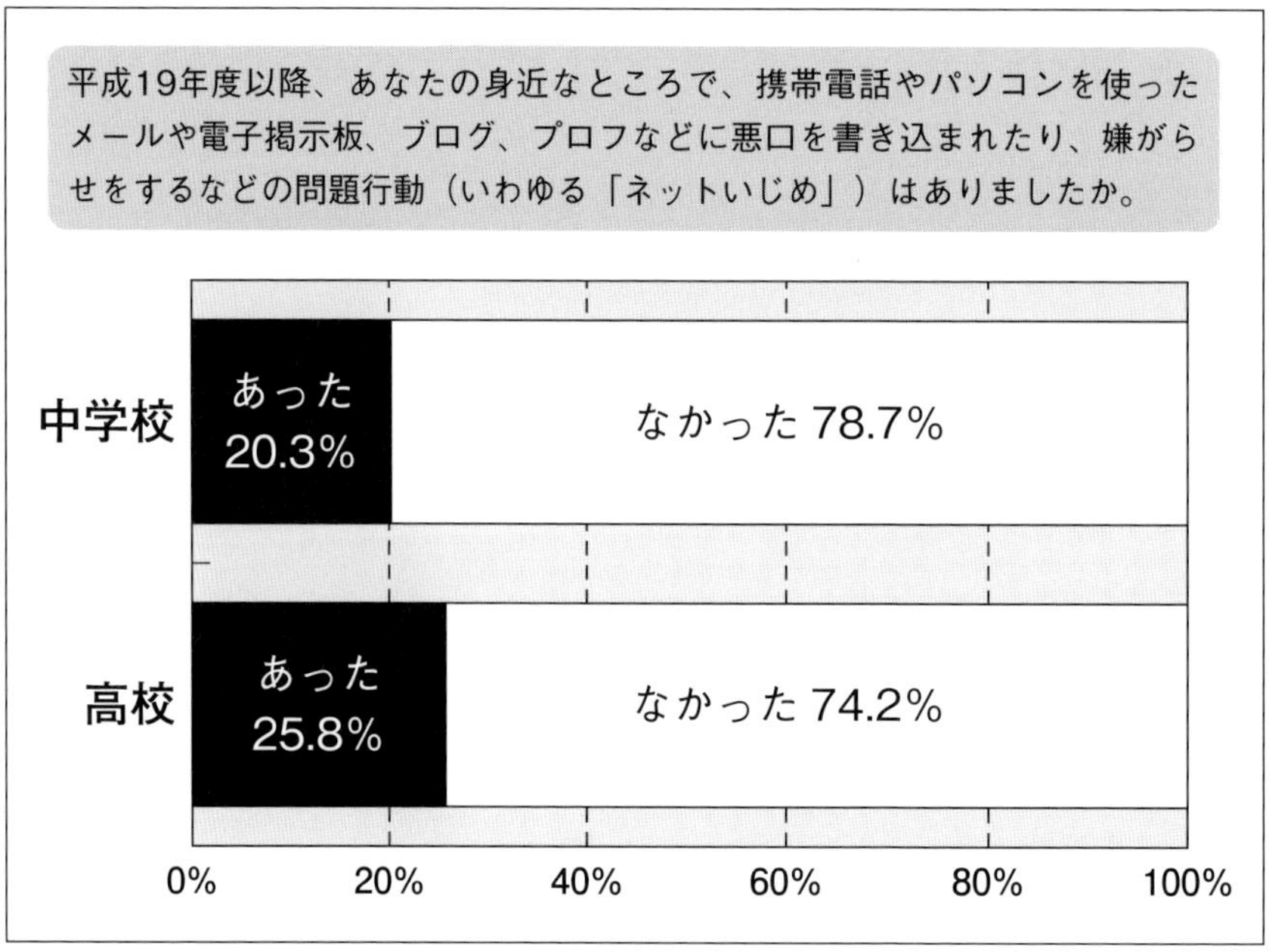
平成19年度以降、あなたの身近なところで、携帯電話やパソコンを使ったメールや電子掲示板、ブログ、プロフなどに悪口を書き込まれたり、嫌がらせをするなどの問題行動（いわゆる「ネットいじめ」）はありましたか。
中学校
あった 20.3%
なかった 78.7%
高校
あった 25.8%
なかった 74.2%
0%
20%
40%
60%
80%
100%

図５−２　ネットいじめについて（生徒回答）

埼玉県のネットいじめ調査では、学校側にも質問した。その結果、「平成一九年度以降、ケータイやパソコンを使ったメールや電子掲示板、ブログ、プロフなどに悪口を書き込まれたり、嫌がらせをするなどの問題行動（ネットいじめ）は発生しましたか」、という質問に中学校の七二・〇%、高校の五五・二%が「はい」と答えている（図5－3参照）。

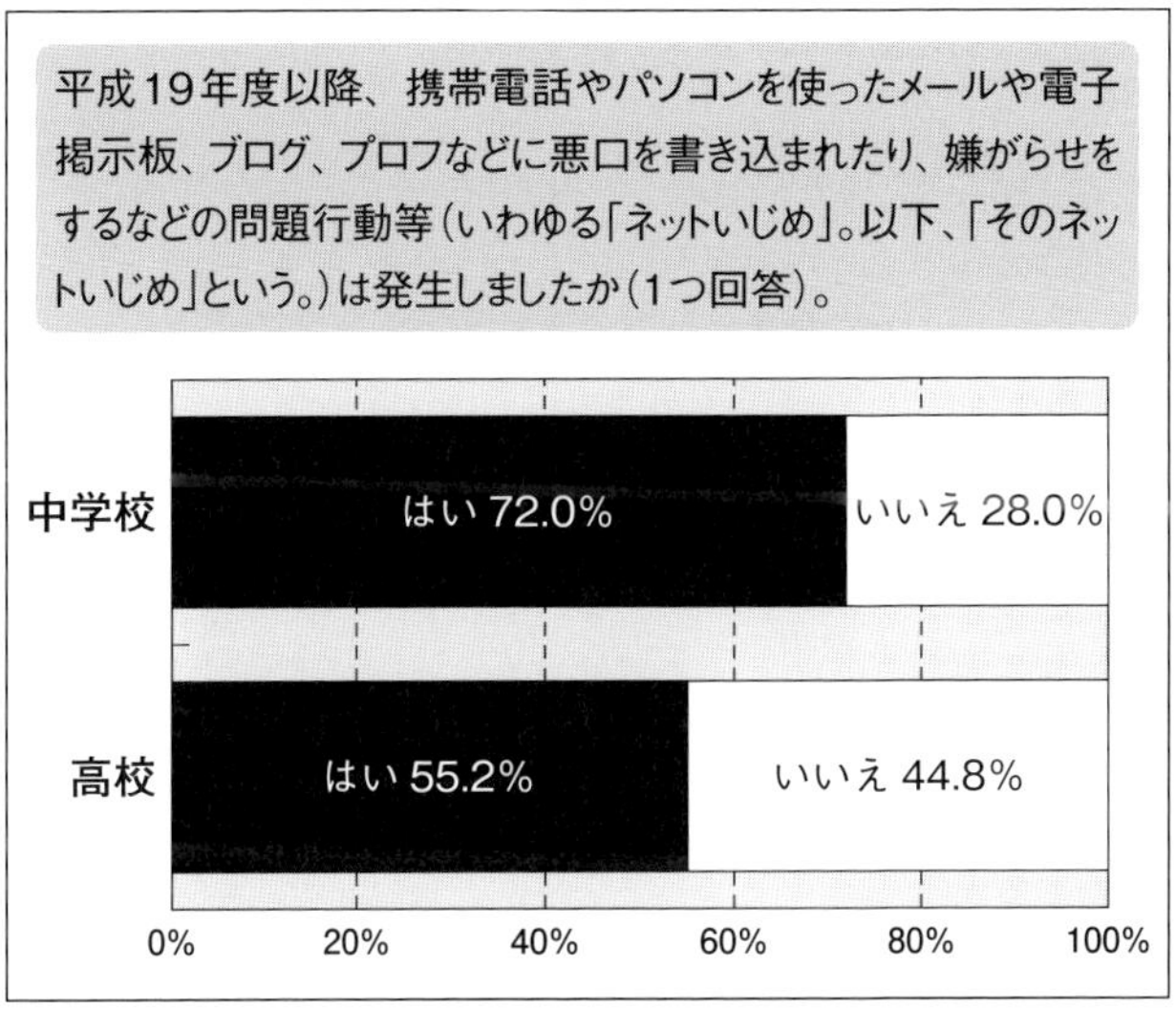
平成19年度以降、携帯電話やパソコンを使ったメールや電子掲示板、ブログ、プロフなどに悪口を書き込まれたり、嫌がらせをするなどの問題行動等（いわゆる「ネットいじめ」。以下、「そのネットいじめ」という。）は発生しましたか（1つ回答）。
中学校
はい 72.0%
いいえ 28.0%
高校
はい 55.2%
いいえ 44.8%
0%
20%
40%
60%
80%
100%

図5－3　ネットいじめが発生したか（学校回答）

ちなみに、この調査ではネットいじめの加害状況についても実態を探った。具体的には「ケータイやパソコンを使ってメールや掲示板、プロフなどに悪口を書き込んだり、相手に嫌な思いをさせたことはありますか」という質問をしたところ、中学で六・八%、高校生で六・六%の生徒が「ある」と答えた（図5－4参照）。

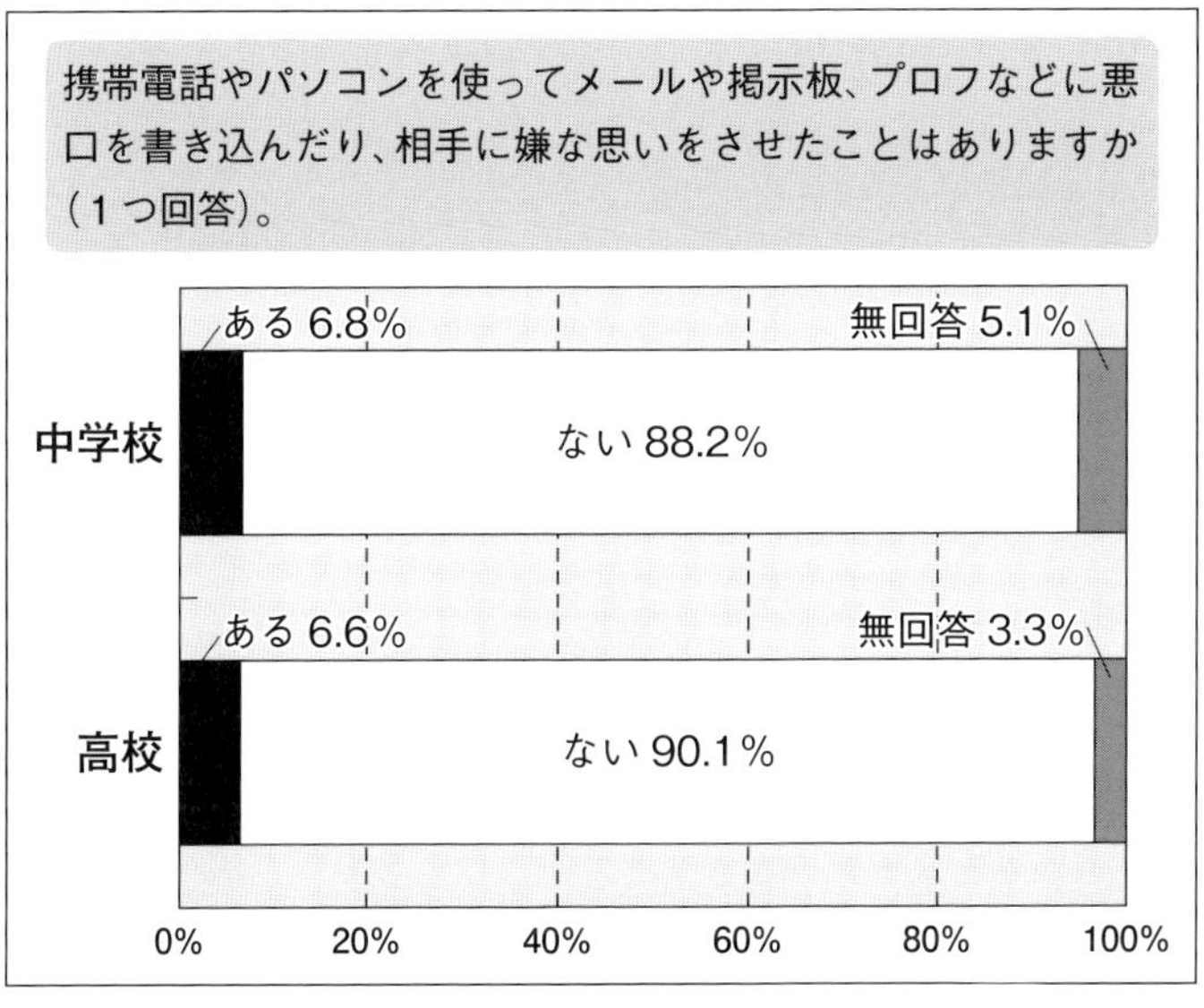
携帯電話やパソコンを使ってメールや掲示板、プロフなどに悪口を書き込んだり、相手に嫌な思いをさせたことはありますか（1つ回答）。
中学校
ある 6.8%
無回答 5.1%
ない 88.2%
高校
ある 6.6%
無回答 3.3%
ない 90.1%
0%
20%
40%
60%
80%
100%

図5－4　ネットで相手に嫌な思いをさせたことは（生徒回答）

問題は、加害行為を行った生徒の動機であるが、中学、高校ともに「仕返しのため」と答えている生徒が一番多かった。(図５－５参照)。

ネットで他者をいじめる方法については、インターネットの匿名性を利用し、自分の正体を隠して攻撃するというケースが突出して多いようだ(ただし実名による嫌がらせ、いじめも予想以上に多かった)。なお「なりすまし」によるいじめはプロフ利用者に多い。(図５－６参照)。

ちなみに、埼玉県のネットいじめの発生状況調査では、男子に比べ女子の方が心配である。たとえば、ネットいじめが「あった」との回答では、中学、高校とも女子の方が高率だった(男子との比較では、女子の方が中学校では二倍以上、高校では十ポイント以上高かった)。

ネットいじめの実態は、上記のような調査結果をみると、この十年間にかなりの広がりと定着をみせている。このことは、子どものネット利用問題に学校が真剣に取り組まなければならない理由のひとつでもある。

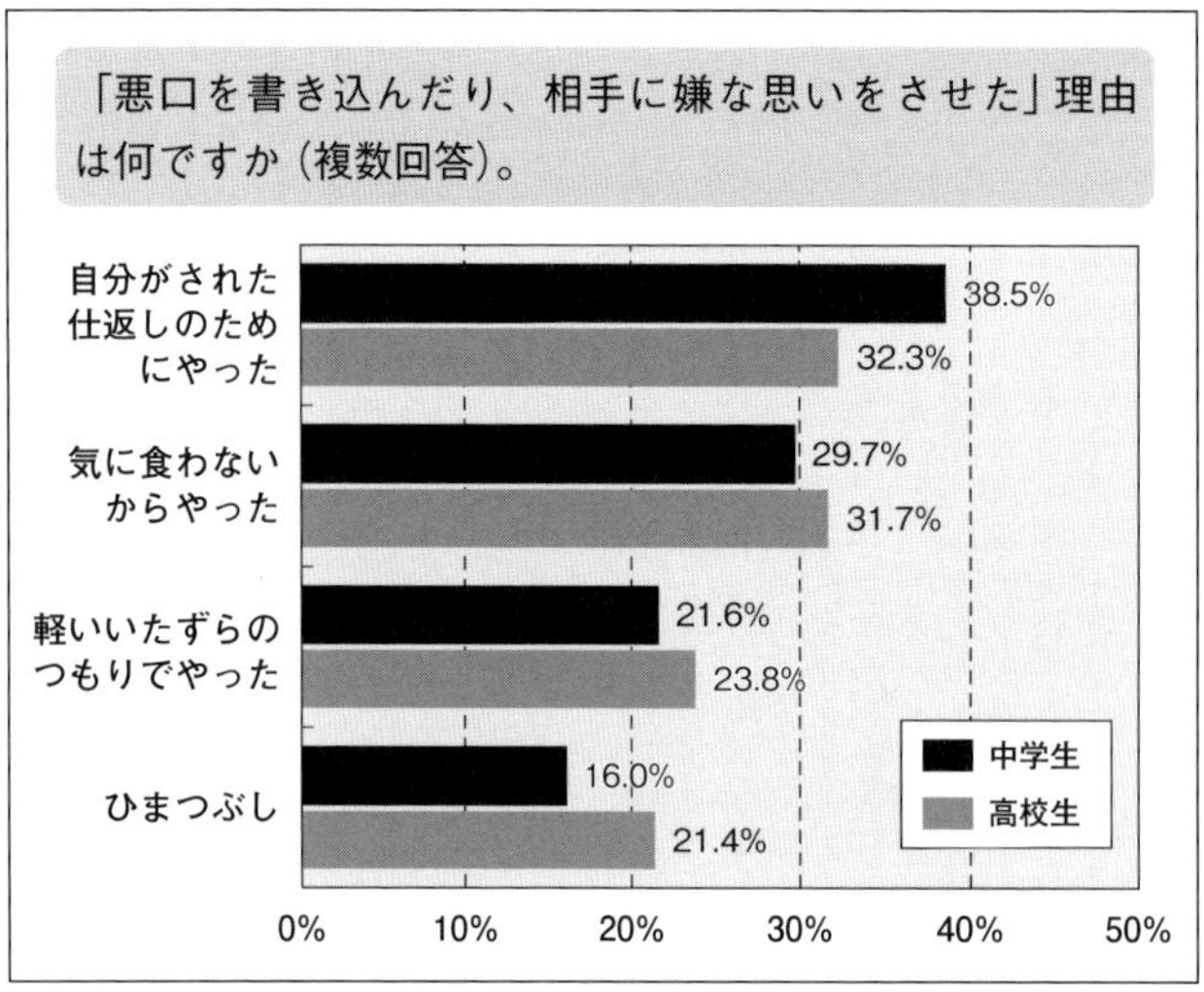

図５－５　嫌な思いをさせた理由（生徒回答）

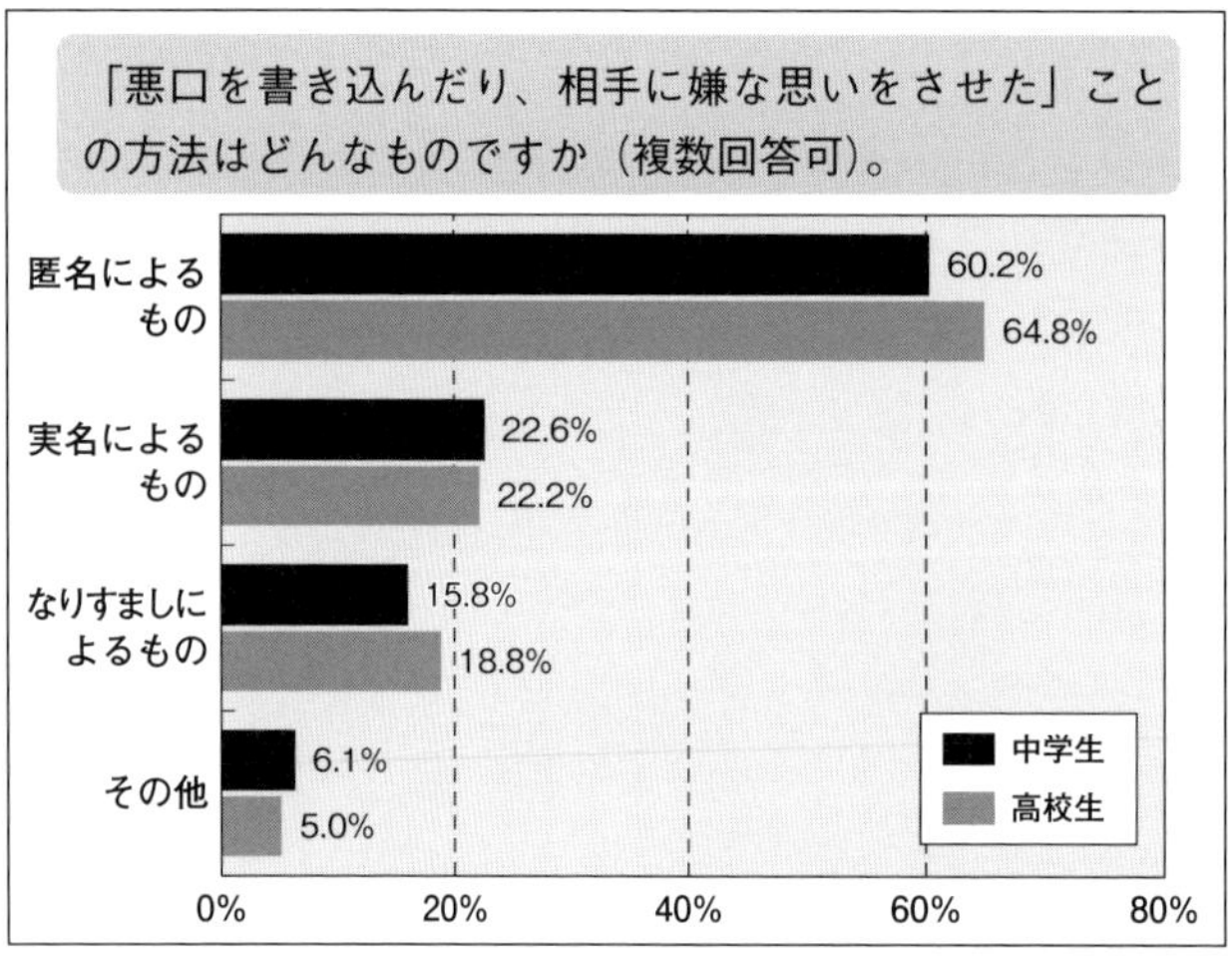

図５－６　嫌な思いをさせたときの方法（生徒回答）

第6章

クライシス（事件・トラブル）への対応

第二の交遊の場で

インターネットというメディアはテレビとは違い、基本的に成人向けのメディアである。それが二一世紀に入り子どもの世界にも普及が始まったことから、学校でのインターネットによるいじめも始まった。この傾向は、海外ではサイバー・ブリイングとも呼ばれ、日本ばかりではなく世界的な問題となっている。とりわけ日本の子ども達は、保護者や教師からの見守りや指導が難しい携帯電話からの、それもフィルタリング無しの携帯電話からのネットいじめを始めたため、被害の程度、広がりはどこの国よりも著しくなった。そう私は判断しているし、それゆえに日本の保護者や教師は、世界のどこの大人にもましてネットいじめ対策を真剣に行わなくてはならないとも考える。

では、ネットいじめを防止するために、保護者や教師はこれから何をしなければならないのか？　私は、なによりも保護者や教師が「いじめを進化させている道具」とも言うべきケータイのメディア特性を、改めて深く理解するよう努力すべきだと思う。

まず、大人が理解すべきこと。それは「ケータイ（インターネット）は人間関係を作る最新のメディアである」ということだ。

子ども時代の人間関係作りは、遊び仲間作りであるが、そればかりではない。思春期も後期の中学二、三年生から高校生になると、保護者とのいさかい、軋轢《あつれき》や進路、恋の悩みなどを相談できるような友達作りを真剣に考えるようになっていく。これまでなら、そのような友達作りは学校区あるいは生まれ育った地域社会の中で行われてきたものだが、この十年の間に、そのような地域での相談相手探し、友達作り以外にネットの出会いの場での友達探しが始まったのである。しかしそこには、落とし穴も多い。私が受けた相談事例から具体的に説明しよう。

中学二年の男子生徒が、私に「ネットで出会った友達にひどくからかわれて悔しい思いをしている」と相談に来た。いきさつを聞いてみると、こういうことであった。

仮にA君としよう。A君は、ある時期から父親の存在がたまらなく嫌になってきた。「一緒に暮らすのが苦痛になってきた」というところまできた。そこでネットの遊び場に入り「僕は父親が大嫌いだ。毎日顔を合わせるのも嫌でイライラする。こんな気持ちの人はほかにいるだろうか」と悩みを吐き出し、相談相手を探す書き込みをした。すると「私も同じです」という女友達ができた。この友達と気が合って、A君は親のこと以外にもいろいろ相談するようになった。ところがある日突然、「おまえはばかな奴だな。おれは女じゃない。男だ」というメールが来た。いわゆる「ネットのなりすまし」で、男が女になりすまして、A君はだまされ、からかいを受けたのである。そればかりではない。「おまえのくだらない悩みは全部聞いた。面白いから、これをネットでばらしてやる」という追い討ちまできた。A君は人に聞かれたくない悩みまで打ち明けてしまったがために、リスクが発生したわけだ。

なにしろインターネットというメディアでは対面では言えない悩みも気楽に打ち明けることができる。そのうえ、A君の場合、聞き役を女子生徒だと思い込んでいた。だから人に知られると恥ずかしいことまで話

した。しかしネット上での悩み相談は、そのまま記録されてしまう。しかもその内容を放送局のように発信できる。だから「これをネットでばらしてやる」というメールが、彼を恐怖に陥れた。

要するにA君は、ネットの非対面のコミュニケーションの落とし穴にはめられてしまったのだ。これもネットいじめのひとつの形ではある。幸いA君の場合、この侮辱的被害は、現実のクラスのいじめには直結しなかった。つまりネットの交遊被害で収まったが、そうでないケース、つまりネットでのからかいやいじめが現実の教室のいじめに発展したり、逆に現実の教室でのいじめがネットに移行したりした事例の方が、実際には多い。これも例を挙げて説明しよう。

こちらは高校一年の女子生徒のケースである。仮にB子とする。あるとき彼女が登校すると、クラスの皆があざけりの表情でこちらを見ていることに気付いた。しばらくして男子生徒が「ずいぶん大胆だね」と言ってきた。「何のこと？」と質問してみて慌てた。誰かがB子の名前を語って「私は男友達がいない。早く経験したい」などと書き込んだ。これがクラスの話題となっていたのである。B子は「あれは誰かのいたずら」と説明したが受け入れられない。しかもこの件、まずいことに担任の教師も知っていて、「皆も変なネット遊びをするな」という発言がいじめに発展してしまったのだ。

B子のケースでは、親が子どものために頑張り、学校側の協力もあって書き込みの犯人もわかり結果的に誤解は解かれた。しかし同様のケースで、不登校や退学という最悪の事態も実際にはある。

B子のケースは、完全な被害者だが、自分の発信で災いを招いてしまうという事例もある。これは女子高二年生のケースで、仮にC子としよう。C子はクラスメートと一緒に使っている大型掲示板の「恋愛について語ろう」という一種のしゃべり場で、彼女の中学時代の男友達の悪口を書き込んだ。その書き込みが同じ掲示板で遊んでいた彼女のクラスメートの手で元の男友達に転送され、その男友達からのC子についての刺激的なデマが掲示板に書き込まれ注目が集まった。そして結果的に、これがクラスでのいじめの材料ともなってしまった。

このような事例からもわかるように、学校内や教室のような旧来の人間関係の場における交遊とは別の、第二の人間関係形成の場とも言うべきネットの遊び場での不用心な発言が、現実の教室での良くない人間関係（いじめ）を生む要因のひとつになっている。インターネット時代のいじめを防ぐというのなら、保護者や教師はそうしたネットの情報行動のリスクを改めて学び、子ども達にも教えなければいけないはずだ。

いじめの構造変化を知る

教師や保護者が、ネットいじめの解決、防止を本気で行おうとするならば、インターネットというメディアが作る子どもの社会の環境変化の本質的理解が必要になるだろう。何しろネットいじめは「いじめのパラダイムシフト」「いじめの次元変化」とさえ言われている。

では、インターネットの登場でいじめの次元はどのように変化したのか。

まず、教師の立場からすると「ネットいじめ」は従来の教室内などのいじめに比べると認知が難しくなった。前章でも述べたように、従来のいじめは、いじめられている子が誰からいじめられているのかを訴えることができたし、教師の立場からも誰がいじめっ子(加害者）で誰がいじめられっ子（被害者）であるか、わかりやすかった。

ところが、ネットいじめの時代になると、加害者と被害者との関係や「もっとやれ」などとはやし立てる観衆や傍観者などいじめの関与者、人間関係の構図認知が難しくなってきた。つまり従来のいじめとは発生の仕方も発見の方法も違うという点で、構造的変化が認められるようになった。教師はこの新旧いじめの特徴と従来のいじめから新しいいじめ（ネットいじめ）への移行に伴なう構造的変化を理解しなければいけない。

と言っても、現代の子ども社会のすべてが新しいタイプのいじめ環境に移ったわけではない。むしろ従来通りの教室でのいじめ行為の上にネットでの新たないじめ行為も始まった、という重層の構図になっているのだ。換言すれば、子どものケータイの普及率、利用度が高まれば、新たなタイプのいじめ行為を生み出す機会、危険性も高まるという点に、注意しなければいけないということである。

問題は、子育て・教育に当たる保護者や教師が、インターネットの作り出す第二の人間関係形成の場における特有のコミュニケーション方法、ソーシャル・スキルを理解していないことだろう。さらに言えば、そのネットでのコミュニケーション行動の善し悪しが、従来からの現実的な人間関係の善し悪しにも影響を与える回路についての深い理解がないことであろう。

そこが理解できれば、子ども達に「ネットでどのように振る舞えば良い人間関係を作ることができるか」を、また反対に「ネットでの振る舞い方の間違いが、現実にどのような悪い人間関係につながり、発展するか」を教えることもできるだろう。要するに、今、教師や親は、二種類の子どもの人間関係形成の場の特徴と相互の関係、関連について深く理解しなければならなくなったわけである（図6－1参照）。

話を具体的なネットいじめ対策に移せば、過去十年間に急速増加したプロフ、学校裏サイトなど多様なネット遊び場（第二の人間関係形成の場）を巡って「子

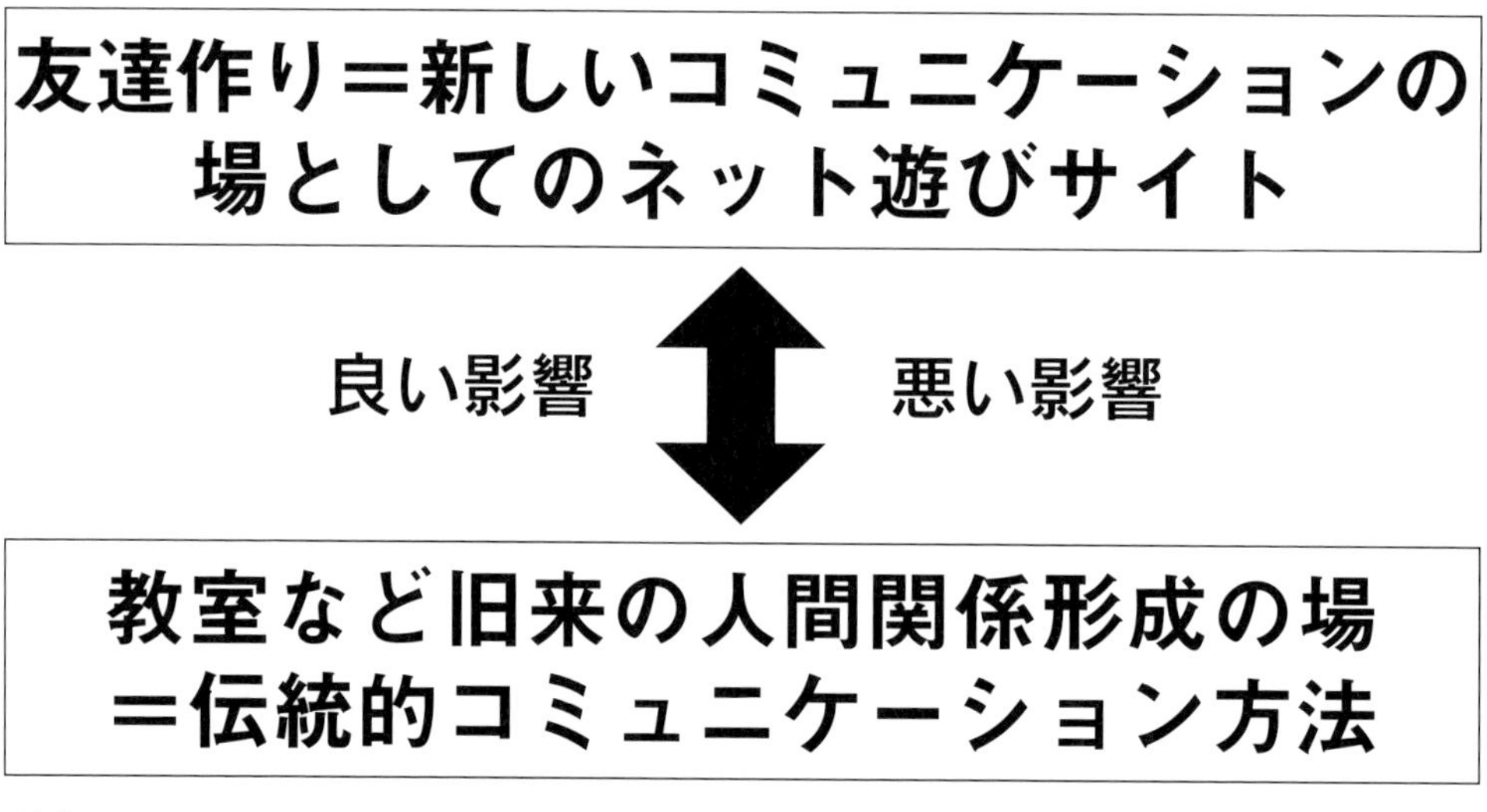

注）インターネット時代の子ども達は、従来の教室などにおけるリアルな交遊環境のほかに、もうひとつの交遊、人間関係形成のコミュニケーション空間を使うようになった。この二つの異質の場の相互関係を理解し、使わせ方を考えなくてはいけない。

図6－1　学校以外の友達作りの場の広がり

ども達の悪い人間関係」としてのネットいじめが発生していることから、これからの教師は、増え続ける子ども達のネット遊びの特徴や、遊びの内容などに関する基礎的な知識を身につけ、子どもの訴え、相談を正しく理解できるよう努力すべきである。

教師だけではない。ネットいじめは、学校内で発生するいじめと違い、学校外でのいじめとも言うべき時間的空間的特徴を持っている。そのため家庭の保護者の責任も発生する（そもそもテレビのようなマスメディアと違い、インターネットというパーソナル・メディアの子どもの利用は、保護者が責任を持たねばならない）。だから保護者は子どものケータイやパソコンからのネットいじめの加害、被害実態を理解し、それを買い与える場合は利用上のリスクについて子どもに注意、指導する能力（ペアレンタル・コントロール）を身につけるべきである。

ネットいじめへの対処法

既に述べたように、ネットいじめは、従来のいじめ行為に比べ発見から介入、防止などが難しい。つまり従来のいじめ対策マニュアルでは対応ができないという点で、「新次元のいじめである」ということもできる。

問題は、学校として、この対応困難な現実に立ち向かわなくてはいけなくなってきたことだ。そこで実際にネットいじめが起きたとき、どのように対応すれば良いのか。これまで、私のところへ相談があった具体的な事例と、その対処についていくつか紹介しよう。

ネットいじめへの対処法　その①

プロフ、ブログでいじめられているというケース

　プロフやブログに実名や個人が特定できる表現など、生徒の個人情報を無断で掲載され、写真付きの嫌味な書き込みでいじめられたというようなケース。たとえば、「私の友達、タカ。○○高校２年１組。男好き。金魚のフンのようについていく・・・」といったいじめの発信には、以下のような対処が必要になる。

① 画面、日時、アドレスの記録・印刷をする（画面の写真を撮る）。確認できた日時も記録する。

② 掲示板等の運用方針を確認し、管理者に削除依頼をする。

③ プロバイダが削除依頼に応じない場合には、法務省の人権擁護機関などに相談する。

●そのほかに注意すること●

◎嫌がらせの書き込みをした相手の呼び出しなどには応じないよう指導をする。
◎プロフ、ブログを使った誹謗中傷、嫌がらせには、なりすましによるものから、ゲストブック（訪問者の記録）、リアル（独り言のようなメモ）など流行の機能を使ったものまで多様にあり、区分して対応する。
◎生徒のプロフへの中傷などには、できる限り無視をするよう指導することが望ましい。しかし、学校で顔見知りの生徒同士のリアルでの悪口の言い合いなどであれば仲裁が必要になる。
◎基本的にプロフなどでのいじめや喧嘩の悩み、相談ではプロフ遊びそのものが原因であることを説明し、その種の遊びを止めさせたり、携帯電話の利用をやめさせるよう説得する。

ネットいじめへの対処法 その②

チェーンメールでいじめられているというケース

特定できる生徒の悪口や誹謗中傷を、不特定多数に送るよう促すチェーンメールが送信され悩んでいる生徒も多い。たとえば「十月○日、渋谷でA子が「エンコー」しているところを見ちゃいました。この話は事実です。この内容を○日以内に○人の人に転送してください。このメールが今どこに回っているかわかります。止めた人のところへ行きます。以前、止めた人はけがをしました」といったようなメールである。

このようなケースには、以下のような対処が必要になる。

① 画面、日時、アドレスの記録・印刷をする（画面の写真を撮る）。確認できた日時等も記録する。

② 発信元のアドレスを確認する（なりすましの可能性を十分踏まえた対応）。

③ 送信元が判明した場合は、関係者を交えて話し合う。

④ 着信拒否設定やアドレス変更を検討する。

⑤ その他、内容によっては総合教育センター（教育相談、スクールカウンセラーの調整等）、教育委員会（報告・指導助言）、警察（相談・捜査等）、法務局人権擁護課（相談等）、医療機関（受診等）、迷惑メール相談センターなどと連携する。

●そのほかに注意すること●

◎問題性を理解させ、転送をさせない。それでも生徒が強い不安を感じる場合は、「迷惑メール相談センター転送アドレス」等を利用させる。チェーンメールを送られた被害生徒（場合により保護者）への対応では「誰がチェーンメールを止めたかについては、調べることはできない」ことを教え、安心させる。さらにメール設定の変更（なりすましメール拒否等）などを勧める。

◎チェーンメールを送った生徒がわかったときは、その生徒に行為の悪さを理解させメールの内容によっては、法律に触れる（強要等）可能性があることを説明する。

◎保護者に対しても家庭での取り組み等（言い聞かせる、ルールを決めるなど）を依頼する。

ネットいじめへの対処法 その③

嫌がらせメールを送り付けられたというケース

登録していないアドレスから、「どんくさい」「学校に来るな」などといった嫌がらせメールが送られるようになり悩んでいる相談ケースへの対処は以下のような対処が必要となる。

① 画面、日時、アドレスの記録・印刷をする（画面の写真を撮る）。確認できた日時等も記録する。

② 発信元のアドレスを確認する（なりすましの可能性を十分踏まえた対応）。

③ 送信元が判明した場合は、関係者を交えて話し合う。

④ 受信拒否設定やアドレス変更を検討する。メール設定の変更（なりすましメール拒否）を勧める。場合によっては、メールアドレスの変更も勧める

⑤ その他、内容によっては警察やプロバイダ（削除要請）、法務局人権擁護課（相談等）、総合教育センター（教育相談）など諸機関の力を借りる。

●そのほかに注意すること●

◎単なるメールでの悪口は、加害者が比較的特定しやすい。加害者の行為がエスカレートしないよう、また、被害者が仕返しなどを行う前に早急に対応する。

◎自作自演で被害者を装うケースもあり、人間不信に陥っていることもある被害者のケアに配慮しながら被害を訴える生徒をよく観察する必要がある

◎基本的に無視できるものは我慢をさせることが望ましいが、場合によっては携帯電話の利用をやめさせるよう説得する。

◎無視できないようなケース（たとえば脅迫的な内容のもの）については、早急に警察と連携を取る必要がある。

いわゆるプロフやチェーンメールによるいじめに限らず、ネットいじめの全般において迅速な初期対応が重要になる。教師は訴えを軽くみないで被害生徒の精神面的動揺を十分受け止め、支援を約束する（P100・埼玉県ネットいじめ等対策委員会報告書の「臨床心理士から見たネットいじめにおける児童生徒・保護者への対応」参照）。そのうえで学年会、生徒指導部、保健室、教育相談部等と役割を明確にしつつ緊密に連携を図るべきであろう。また、いじめ発生では保護者対応が重要になる。つまり保護者へ連絡して（場合によっては家庭訪問も行う）解決に向けた方針を示し、学校の姿勢を（できることばかりでなくできないことも明確に）表明する。この場合、加害者が判明しないこともあるので、精神面的な動揺を考え心のケアに十分配慮する。

問題は加害生徒への対応である。加害者が特定できる場合は、その生徒に対して許されない行為であることを丁寧に説明し理解させるとともに、加害行為の背景にある複雑で屈折した心のストレスなどに留意しながら指導をする。また保護者に対しては、家庭での取り組み等（気持ちを聞く、言い聞かせるなど）を依頼するとともに、今後のかかわり方を相談しながら決めていく。

一方、加害者が特定できなかった場合はどうすれば良いのだろうか。このケースでは、いじめという行為の卑劣さやいじめを受けた生徒の苦しみや悲しみについてクラスあるいは全校生徒に丁寧に説明し「ネットいじめ」は、「名誉毀《き》損」「侮辱」といった犯罪になる（法律に触れる）可能性があることを理解させ考えさせる。

ネットいじめ指導の要諦

繰り返して言うが、ネットいじめは、従来のいじめと比べ、相手が見えにくく陰湿である。そのため、被害者の心的ダメージは大きくなる。そのいじめの特性をよく理解したうえで、ネットいじめの対応では、何より迅速性が求められる。時間がかかると、事は複雑化し、当事者の精神的負担も大きくなる。そうしたリスクを最小限に食い止める必要がある。

特に、被害にあった生徒への対応を迅速に行い、被害者の心の安定を図らなくてはいけない。ネットいじめの被害生徒は、対面のいじめに比して疑心暗鬼、人間不信に陥っていることが多く、回復には時間がかかることが予想される。

また、ネットいじめでは、被害者ばかりか加害生徒とその保護者への指導も重要になる。加害生徒の中には、確信犯的に加害行為に及ぶものと面白半分、あるいは事のはずみでいじめの発信を行ってしまったというケースも多い。面白半分に行った加害児童生徒や保護者には、書き込みによる心的被害の説明を十分行い、理解させる。特に、保護者については「書き込みくらいで大げさな」「何で指導の対象になるのか」「書かれる本人にも非があるのではないか」というような、ネット上でのトラブルに対して甘い認識を持つ場合には、十分な指導が必要となる。また計画的にネットでいじめ行為に及んだ生徒については、加害行動の裏にあるネガティブな感情を解き放てるよう導くとともに、適切に自分の気持ちを表現する方法を教えるべきであろう。また掲示板やチャット等で誹謗中傷をしてストレスを発散しているような場合には、既に紹介したケース（ネットのなりすまし被害に遭った中学二年の男子生徒）の事例のように、先にネットで侮辱されるなど被害に遭い、そのいら立ちから誰かを攻撃するというような「ネット利用の悪循環」に陥っている者もいる。このようなことを考慮して、加害者には基本的に受容の態度で接する方が良いだろう。

そのような対処に加えて、今後の再発防止を考えるとき、加害者の謝罪はもとより、加害者と被害者相互（保護者も含め）の和解の努力も重要になる。その場合、問題点の整理と焦点化により問題の本質を明確にして、被害者と加害者の両者の認識を一致させ、ケースによっては、謝罪等を行う和解の場を設定する必要もあるだろう。とは言え、被害−加害の生徒間の関係改善と、被害者救済には時間がかかり、以前のような人間関係への回復は困難であると考えたほうがいい。

経過が錯綜《さくそう》し、学校不信へとつながる場合も多い。さらには訴訟にいたるケース（人権擁護局への相談や、事件としての届出、民事による損害賠償請求）も想定しながら、改善を見届けるまできめ細かいケアが必要である。

その他のクライシス（事件・トラブル）への対処法

　ネットいじめの発生では、学校の責任が問われがちであり、その意味で教師、学校管理者へのリスク、あるいは危機的事態の発生にもなることから、ネットいじめに関する記述がいささか長くなった。

　言うまでもなく、子ども達のネット利用から生じるクライシスは、ネットいじめに限らない。以下に、ネットいじめ以外の危機対応についても記述する。

クライシスへの対処法 その①

家出をした後で出会い系サイト利用の事実がわかった

「友達の家に行ってくる」と言ったきり、2日間も帰ってこないので親が相談に来た。調べた結果、出会い系サイトで知り合った見知らぬ男性と親しくなっていたことがわかった。

こうしたケースでは、相談を受けた教師は以下のような対処が必要になる。

① 親の相談内容に基づく事実確認を急ぐ。

家を出た当該生徒の友人関係を調べ、事実確認をする。ここでは、出会い系サイト利用の動機や時期、経緯を調べ、「知り合った男性・女性」についての情報を、保護者と協力して集める。

② 警察に連絡、相談をする。

場合により、携帯電話会社やプロバイダーの協力も求める。

③ 保護者の協力を得て、生徒の携帯への呼びかけを行う。

GPS 機能のついたケータイを使用しているような場合は、早急に位置確認をする。

●その後の対応●

◎問題行動の認識をさせ、反省をさせる。

◎再発防止のためにも、出会い系サイトに交際希望の書き込みをしたり、大人が生徒を誘引する書き込みをしたりすることは、いわゆる「出会い系サイト規制法」で処罰の対象になること、性感染症や性被害、強盗や監禁など凶悪犯罪被害の危険性などのリスクをしっかり理解させる。

◎生徒だけでなく、保護者にも監督責任を問う形で反省を促す。

◎身体的・精神的なケアとして、状況によっては、カウンセラーや総合教育センター（教育相談）、医療機関に相談をして、連携を取りつつ対応していく。

クライシスへの対処法 その②

自殺誘引サイトへの書き込みがあり家出をした

生徒が夏休みに入って自殺サイトに書き込みをしてしまい、そこで知り合った仲間と家出をしたらしい、という相談を保護者から受けた。

自殺サイトにアクセスした生徒の危機的状況への対応では、本人の安全確保を最優先し、迅速な対応が望まれる。また、ほかの生徒による興味本位での模倣、自殺の連鎖を想定した初期対応が重要である。

具体的な対処法は以下のようになる。

① 保護者と相談のうえ、生徒の居住地を管轄する警察署に捜索願を出すよう勧める。

② 当該生徒の友人や保護者から情報を得る。

友人に事情を話し、情報を得る。また、保護者が知りうる連絡先、連絡方法を早急に確認し、情報を収拾する。

③ 当該生徒のパソコンなどから情報を得る。

履歴から自殺サイト仲間とのやり取り、とりわけ計画の実行に関する情報を得るよう努力する。

④ 警察と連携を取り、自殺サイト及びサイト仲間、サイト管理者への呼びかけ、対応に当たる。

⑤ 緊急に職員会議を行う。

マスコミ、警察などへの対応窓口を校長の指示のもとに一本化するなど、緊急体制を取る。

●その後の対応●

◎自殺を図ろうとした生徒へ、継続的指導が必要となる。
◎命に関する指導を発達段階に応じて計画的に行う。
◎保護者を対象としたネット利用のリスク回避に関する説明を行う必要もある。

クライシスへの対処法　その③

学校裏サイトでの他校の生徒への誹謗中傷から集団暴力事件に発展しそうになった

学校裏サイト遊びをしているうちに、近隣の中学生同士がネットで口喧嘩を始め、実際に対面しての喧嘩に発展しそうになった。つまり、集団で決闘しようということになった。

このようなケースでは、以下のような対処が必要となる。

① 学校裏サイトでのやり取り（喧嘩の書き込み、喧嘩対決の場所）を確認する。

② 相手側の学校の教師と連絡を取り合って解決策を協議する。

対決場所に近い学校の教師が先に現場へ行く。状況によっては、警察の協力をあおぐ。

③ サイト管理人あるいはサイト運営業者の協力を取り付けて、暴力行為を阻止する。

◉その後の対応◉

◎今回の件にかかわらなかった生徒に向けて、ブログやプロフを使って興味本位で発信しないよう指導する。

◎けが人が出た場合は、医療機関を受診する。

◎再発防止のためにも、トラブルの原因、プロセスを確認し、今後の解決策を相談のうえ決める。

◎フレーミング※の危険について教えるなどネット利用のリスク教育を行う。

◎当該生徒には、しばらく継続的に指導を行う。

◎保護者には、監督責任について助言・説明を行う。特に、暴力については「命」にかかわる事件に発展する危険性があること、慰謝料などの民事請求が発生する場合があることなどを十分に理解させる。

※怒りの感情をそのまま表現してしまうメール

クライシスへの対処法 その④

学校裏サイトを使って有害情報発信を行っていたことがわかった

ケータイなどを使ったサイト遊びでは、生徒同士の日常的な連絡事項、生徒間で盛り上がる話題以外の、猥褻な、また暴力的なメッセージの発信も行われやすい。つまり、子どもたちによる有害情報発信が行われている。これらは、むしろ学校長など学校管理者、教師らを慌てさせる事態になり、そのリスクは学校長らに直接発生するものになる（たとえば、生徒自身が極度に猥褻な写真などを編集し掲載しているなど）。

このようなケースでは、以下のような対処が必要となる。

① 学校裏サイトの存在を確認、サイト発信の内容を記録する。

受発信内容の評価、確認を行う。その情報内容に有害性が認められたら、発信行為をやめさせるような手を打つ。このような場合、「今すぐやめろ！」「すぐにサイトを閉じなさい」という種類の校長の訓話などは逆効果となりかねない。それよりも緊急にPTA役員に招集をかけ、保護者達に実態を説明する場を設定し、保護者から家庭で指導してもらうチャンネルを作る。

② 管理人の割り出しを行う。

生徒達からの聞き取りなども含めて管理人の割り出しを行い、発信行為を止めさせる。

③ サイト運営業者への削除要求を行う。

④ 必要に応じて警察と連携を取る。

有害情報がネットいじめ行為に関係するもの（たとえば特定の生徒だとわかるような個人に関係するいじめ目的の猥褻文や写真、動画などが添付発信されているような場合）は、警察と連携を取り、発信を停止させる。

学校裏サイトに限らず、プロフやグループホムペ、あるいは動画投稿サイトと言われるようなネット遊びでの子ども達の有害情報発信行為は、この十年増え続けている。そうした中で、学校管理者は生徒の有害情報発信遊びの再発防止のためにも、実際の事件、トラブル体験を生かした情報リスク回避教育を生徒のみならず保護者にも行う必要があるだろう。子どものネット利用の最終責任者は保護者であり、学校は、無責任、無自覚に子どものネット遊びを許している保護者に注意を呼びかけなければリスクを回避できないからである。

問題は保護者ばかりではなく、最終的には、このようなネット遊びを子どもに仕掛ける業者、ビジネス・モデルの責任問題が問われるべきだ。さもないと学校に問題のシワ寄せが続き、学校経営上のリスクが高まるというのが現実であるからだ。

第7章

必要になる学校のリスク管理

学校に諸問題のシワ寄せが

生徒のネット利用問題で学校が対応しなければならない事案は、写メールやプロフ、掲示板などを使ったネットいじめにとどまらない。過去十年間に、ネットのメディア機能の発達と、それに伴う子どものネット遊びの種類は急増し、それらのネット遊びをケータイから利用している子どもの割合は、日本が世界でも突出している。

私が「思春期メディア遊びサイト」と名付けている恋愛系サイトやアイドル、プリクラ、モデル募集、ゲーム、小説や写真・動画投稿系サイトなど多様なサイト遊びが増加、今後は各種のネット取引やお小遣い稼ぎサイトの隆盛が予想され、既に看過できない事件、トラブルも発生している。

問題は、そうした子ども達のネット遊びの実態を保護者や教師が知らないことだ。つまりペアレンタル・コントロールがなされていない社会状況にある。そのため、最終的には学校の生徒指導教員がかかわらざるを得ない案件が増えている。

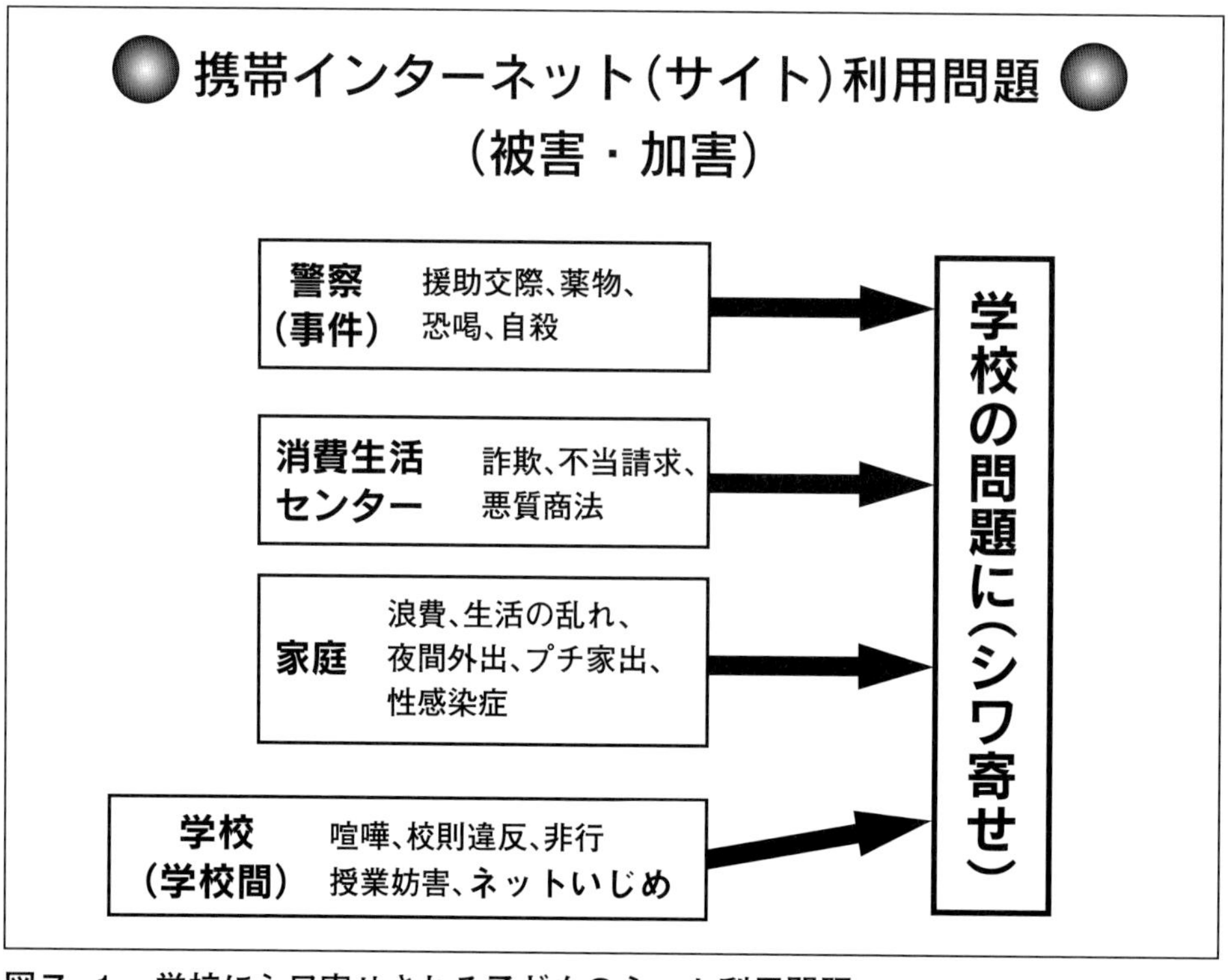

図７−１　学校にシワ寄せされる子どものネット利用問題

つまり家庭が、ネット業者や子どもの言いなりにお金だけ払って注意を払わない状況が続いてきた。その結果、子ども達のネット利用問題のシワ寄せを、学校が受けてしまうという構図になってしまった（図７－１参照）。

援助交際や家出、薬物、自殺といったクライシスなどいわゆる警察事案は、ブラックサイトを利用する子ども達の問題である。ネットオークション詐欺や不当請求を含め各種個人情報被害や浪費、夜更かしなどは家庭での事案であり、主としてグレーサイトを利用する子ども達の問題である。

学校は、ケータイを持ち込んだ子ども達による授業妨害や喧嘩サイト利用による学校間あるいは自校生徒の暴力、ネットいじめ（たとえば加害者がトイレの中で特定の生徒に対するネットいじめ行為をしたなどということは珍しくない）などに対応せざるを得ないばかりでなく、前述したいわゆる警察沙汰や家庭での子どものネット利用問題への対応までも行わなくてはならない状況になってきた。最近の学校は、学力指導よりも生活指導、生徒指導に追われるようになったと言われるが、そうしたことの背景に、いわゆる「子どものケータイ利用問題」があることも、今やはっきりしてきた。

国・企業の啓発が問題解決に？

問題はこのような学校を巡る現状を解決する方法であるが、実は未だに根本的な解決策が見出されていない、と言うべきだろう。事態の展開、すなわち業者のネット遊びビジネス（子どもを喜ばせ、好き勝手に遊ばせて利益を上げる商売）の展開が、早過ぎたのである。時間がたつにつれて解決は難しくなってきた。

子どもを健全に守り育てるべき文部科学省や、業界の健全な発展を促すべき総務省・通信業界団体など、事態の解明と対策に責任を持たなくてはならない国や業界の動きが、二〇〇八年ごろからにわかに慌ただしくなってきた。もっと早く本腰を入れて対策に乗り出していれば、問題の解決は今より容易であったと思うが、それはともかくとして、地方的な我々の取り組みと中央（国と企業）の対応策を比較、通覧してみよう。

私が群馬県のＰＴＡ関係者や現場教員の要請で、市民活動としてケータイからのインターネット利用問題に取り組み始めたのは二〇〇一年のことで、ホームページ「ねちずん村」を立ち上げ、学習サークルの活動を始めた。具体的には子どものケータイ利用のリスクを伝える市民講習会や二〇〇二年には太田市などで「携帯電話、我が家のルール・コンテスト」も行ったりした。当時、我々は携帯電話会社に対してiモード型携帯電話にフィルタリング・サービスが必要だと訴えたが、「携帯電話の能力ではフィルタリング・サービスはできない」と一蹴された。しかし技術的にはできるのである。考え始めた保護者や教師の声が社会的にあまりに小さかったので、無視されたのであろう。

　前述したように、二〇〇四年には米国から高校生や保護者を呼び、市民国際交流も行ってきた。こうしたささやかな庶民的活動に比べ、子どものインターネット利用に責任を持ち資金や人材など圧倒的な力を持つ中央官庁や携帯電話会社の動きは遅れていた。インターネットが「一年で十年分の進化」と言われるメディアであり、世界中で日本の子ども達だけが危ないネット利用を急伸させていたのにもかかわらず、この問題で業界の動きが出たのは二〇〇四年に入ってのことであった。

　この年の秋に、私は東京都庁で「携帯電話からのインターネット利用のリスク」について都幹部職員や業界団体関係者らに講演をした。その後、国のインターネット普及政策を担ってきた業界団体らがEネットキャラバンなる全国的啓発活動組織を立ち上げた。中心人物らが私の講演後に助力を申し出てきたため協力したものの、あまりに安直なテキスト制作、啓発人材養成法を採っていたために、協力をやめざるを得なかった。業者の商売に都合の悪いことは言わぬのは当然として基本的にペアレンタル・コントロールの考えに立とうとはしなかったからである。携帯電話会社も社会貢献と称して学校に出前講座を始めたが、それは子どものネット利用が生み出すリスク構造には言及せず、使わせないという選択肢を入れない「安心させて使わせる」ことを主眼とした、実質的な販売促進であった。そのため私は「社会貢献と言うのであれば、社名などは出してはいけない」などと苦言を呈したが、効き目はなかったようだ。

業界や国は「啓発活動を何回した」という量的な成果ばかりを言い立てるようになったが、それだけ大規模な啓発活動をして問題の解決になったかどうか、そこが問われるべきであろう。問題解決に役立たない啓発活動は、問題のすり替え、ごまかしと言われても仕方がないのではなかろうか。現実は、この五年間、そうした国家的啓発努力を尻目に事件、トラブルなど子どもがかかわるクライシスがやまない。結局は国、とりわけ文部科学省がネット遊びを仕掛ける業界にどれだけ改善要求ができるかが問われる。しかし、全体的に、動きは鈍かったと言わざるを得ない。

たとえば内閣府特命担当大臣（青少年育成）・情報通信技術（ＩＴ）担当大臣が、携帯電話事業者三社に対して、青少年が用いる携帯電話のフィルタリングサービスの一層の普及に向けた取り組みの推進について依頼したのは二〇〇六年のことだった。翌年の二〇〇七年二月には、総務省、警察庁及び文部科学省が合同で、携帯電話のフィルタリングについて、学校関係者や保護者を始めとする住民に対し周知啓発活動に取り組むよう、都道府県知事、教育委員会及び都道府県警察等に依頼するなど、フィルタリングの普及促進活動を推進し始めた。私が警察庁の研究会（少年のインターネット利用問題に関する調査研究会）で企業の社会的責任を問い、「少年が利用するインターネット端末についてはアクセス制限を初期設定とするべき」との提言をしたのが二〇〇五年度のことであった。

ちなみに子どもの携帯インターネット問題に最も真剣に取り組んできたのが警察庁だったろう。

何しろ彼らは子どものネット利用事件の対応に追い立てられてきたのであるから当然といえば当然のことではある。たとえば警察庁では、二〇〇七年六月にインターネット・ホットラインセンターの運用を開始した。同センターにおける処理件数は毎年うなぎのぼりに増えていることは周知の事実である。

文部科学省では、学校における情報モラル教育の推進、有害環境から子どもを守るための地域での推進体制の整備、子どものインターネット利用に際しての留意点を盛り込んだ「ちょっと待って、ケータイ」リーフレットの作成・配布などを行うようになった。さらに、関係業界・団体等の連携体制を構築するため「ネット安全安心全国推進会議」第一回会議を開催し、行政のみならず業界団体の連携の下、今後の新たな対応の検討を行うようになった。しかし、これが問題解決に直接つながる動きを作っているかどうかは、疑わしい。業界関係者を取り込み、事態を改善しようとするとき「子どもを守り育てる立場から、筋を通して業界に方針転換を求めることができるかどうか」が鍵になる。しかし私のみるところでは、それはできていないと思う。

こうした、いわばもたつきの中で時間が経過し、結局は学校が現場にシワ寄せされた諸問題に向き合わざるを得なくなった。まず文部科学省は、二〇〇九年になって学校への携帯電話持ち込み禁止方針やネットいじめ調査、学校裏サイト調査などに基づき、子どもの有害情報発信やネットいじめ対策マニュアルなどを発表し、生徒ばかりか保護者に向けての情報モラル教育を進めようとしている。こうした中業界も国に押されてフィルタリングの普及に乗り出した。しかしいずれの策も手を打つのが遅すぎるし、問題や事件が起きてからの場当り的クライシス対応に過ぎない。

子どものネット利用のリスク評価を

そのような単なる危機への対応は、俗にいう「モグラたたき」であり、それだけに追われていると結局はクライシスの拡大になってしまう。

学校が、今するべきことは、子どもらのインターネット利用、とりわけ携帯電話やオンライン・ゲーム機からのインターネット利用についてリスクアセスメント(危険性評価)という視点を導入することであろう。

これは文部科学省の姿勢もあろうが、これまでのわが国の学校管理者や教師は、子どものインターネット利用を当然の流れ、不可避の流れとして疑ったことなどなかったのではなかろうか。だからインターネット機能が搭載された新型のケータイの登場にも疑念を持たなかった。インターネットを、教師の都合だけで子どもの学習用コンピューターすなわち子どもを教え導く道具(教育用ツール)とみなすならば、インターネットの前面肯定、無批判な受け入れになる。

しかしインターネットは、単なるコンピューター

（データや情報の処理機）の連結網ではない。それはテレビと同じメディアなのだ。子ども達は、単なるデータ・プロセッシング・マシンならこれほど熱狂しなかったろう。子ども達は、インターネットでプログラミングをしたいわけではないし、教育的情報を利用したいと思ったわけでもない。そういう子どももいるだろうが、インターネットをしたいと思った子ども達、とりわけ携帯電話からインターネットを使いたいと思った子ども達は、これがテレビ以上に流行の情報を入手でき新奇な遊びもでき、おまけに人と人の仲立ちまでしてくれるメディアだ、とわかったから熱狂的に受け入れ、あっというまにケータイが普及したのだ。

結論を言えば、日本の教育界には、インターネットをメディアとして客観的、批判的に理解するというメディア・リテラシーの視点が欠けていたと思う。それ故、これがテレビやビデオ以上に子どもの利用に注意しなければいけない成人向けメディアであることがわからなかった。言葉を換えて言えば、これを考えも無く与えると子育て・教育上保護者や教師にリスクをもたらすメディアであることがわからなかった。

今からでも遅くはないから、保護者や教師は、少なくとも子どもの携帯電話やオンライン・ゲーム機などメディアとしてのモバイル・インターネットのリスクを理解し、その利用実態を冷静に評価（リスクアセスメント）すべきである。そのためにはネット業界・業者の視点を鵜呑《うの》みにするのではなく、子育て・教育の責任者という立場から、ペアレンタル・コントロールの対象としてのインターネットのメディア機能を深く理解しなければならない。

このリスクアセスメントという発想がなければ、危険性を減らすというリスク管理もできない。それができなければリスクはクライシスに発展する。そうなれば危機を最善に回避し再発防止につながるような本当のクライシスリスク・マネージメントができない。ただモグラたたきのような危機対応に終始していては、危機は減るどころか拡大するはずである。私は二〇〇九年一月十日に大阪教育大学で「ネット時代の学校の危機管理」と題した基調講演を行い、そう主張した。

危機対応のモグラたたきは駄目

リスク・マネージメントでまず必要なのは、子ども達のケータイからのネット利用のリスク把握であろう。特にフィルタリング無しで好き勝手に使わせた場合、子ども本人はもちろん、保護者や教師にどのような危険性が及ぶのか把握すること（第三章で説明したリスク発生のメカニズムなど）。このリスクの把握がしっかりできれば、次にリスクの大・小が評価でき、リスクを回避する方法も考えられる。

そもそも、子ども向けiモード型携帯電話のリスク把握・評価がまったくなされなかったから、リスク管理もできず、多様なクライシスが発生した。そのクライシスへの対処として、子どもへのマナー、モラル教育で済ませようとしてきた。事件、トラブルへの対処にはリスクの理解と回避、あるいは解決の知恵が必要である。現状では、たぶん子どもがルールを守り、モラルがしっかりしていても、判断ミスでだまされたり、人に害を与えたりしてしまう現実を直視していない。

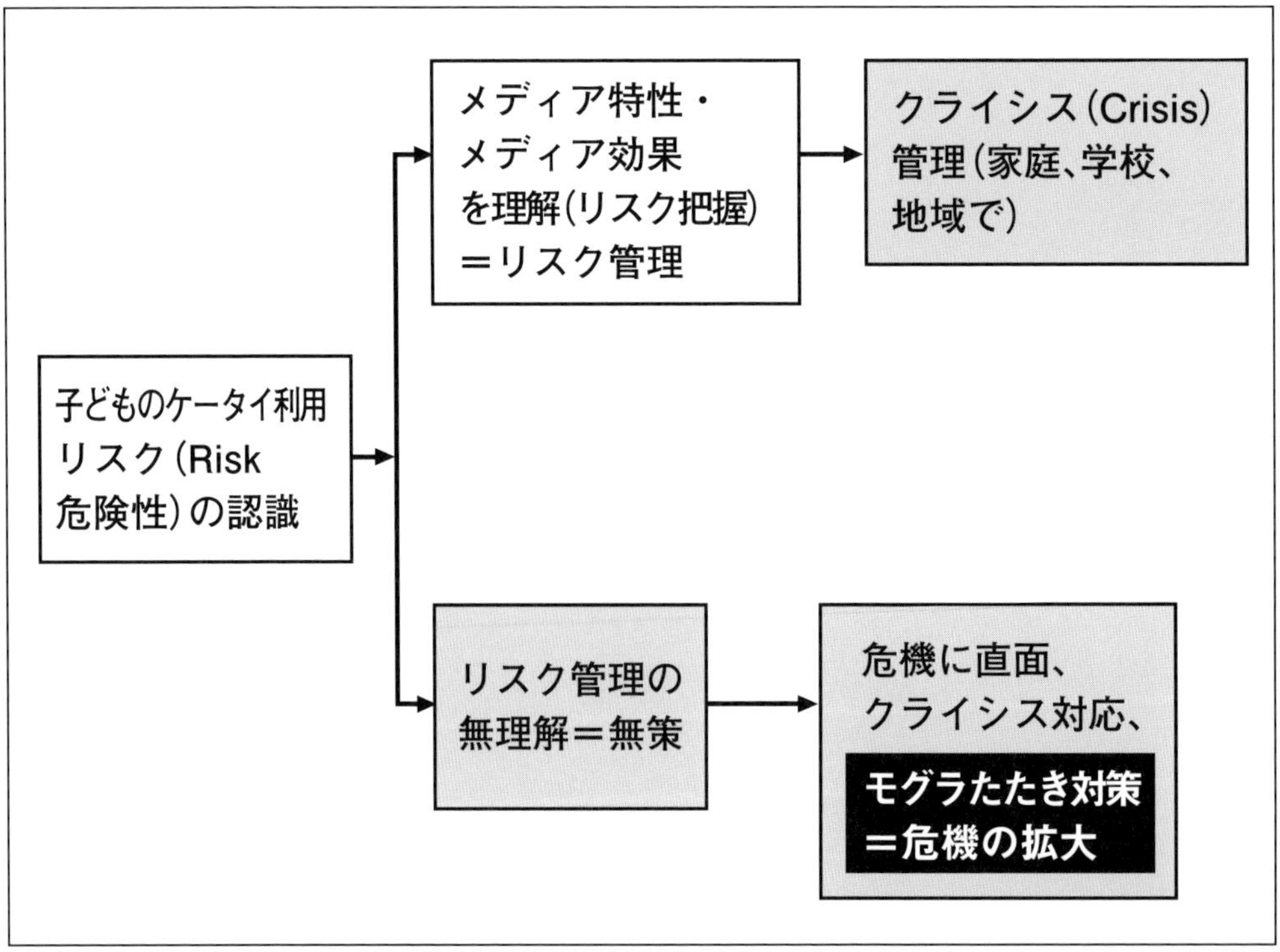

図7－2　危機対応のモグラたたきは問題解決にならず

だから危機管理がまともにできない。この状態が十年続いたことで危機が拡大し、モグラたたき的対応しかできない状態になった（図7−2参照）。

ちなみに、「これからは、ケータイは使わねばならぬ道具。使う子どものモラルさえしっかりすれば、使わせた方が良い」と主張する教育学者は、リスク把握ができていないか、それとも何らかの理由で意図的にリスク評価を過小にしている可能性がある。そうした教育学者は往々にして「モバイル・インターネットが明日の社会を創る」というビジョンを提示する。しかし、ユビキタス社会という夢の実現の前に、次の社会を担う子ども達の有害情報問題を解決しなければいけないのではないのか。夢の島を目指す船の船底に起きている火事を放棄すればすなわち、パニック状態となり、ケータイどころか子どものネット利用の全否定にもなりかねない。

付録2

臨床心理士から見たネットいじめにおける児童生徒・保護者への対応

ここでは、被害を受けた児童生徒からの相談の受け方や聞き取りするときの留意点（以下の諸点）を紹介する。

① 児童生徒から打ち明けられた際は、第一に「大変だったね」「つらかったね」「よく話してくれたね」等と伝えることを優先し、再発防止のためにはどうすれば良いかという話は、気持ちを受け止めてからにする。

② 打ち明けてくれたことを感謝することで、話せたことに対して「自分にもやれることがたくさんある」「自分にも人を動かす力がある」ことを実感させる。同時に、被害者の自殺や加害者への報復・攻撃等が考えられる場合は、医療機関やスクールカウンセラーの利用も検討する。

③ 被害者が言ったことを割り引いて聴いたり、安易に「無視しろ」「深刻に考えることはない」などど気休めを言ったりしないようにする。被害に対して、本人が対応しきれない場合には、休むことも時には必要なことを伝えて、負担を和らげてあげることも考慮する。

⑤ 学校としてできることを具体的に被害者に説明し、本人がどうして欲しいのか意向を丁寧に確認しつつ対応策を考えていく。
冷静かつ客観的に、いじめ・トラブルの事実確認をしっかり行う。「何を見たか・聞いたか（事実）」「それをどう思ったか（認識・気持ち）」を整理して、それぞれ詳しく聞く。

⑥ 児童生徒から相談されたときは後回しにしない。どうしても時間が無いときは、「ごめん。今どうしても時間が取れないから、今日の昼休みに話をしよう」などと約束する。

参考資料「埼玉県ネットいじめ等対策委員会報告より」

第8章

保護者、地域を学校の味方に

リスクの多様化と整理

この十年、子どものインターネット利用で発生する問題行動の種類は増えている。今後も拡大が見込まれるリスクを学校はどう予測するべきか。とりわけ身近な携帯電話からのインターネット利用のリスクを、どう把握し学校経営に位置付ければよいのか。

大阪教育大学の「学校リスクに関するＷｅｂアンケート調査」の項目に、不審者の校内侵入や学校給食による食中毒あるいは異物混入などのリスク項目のほか、教育活動・指導上のリスク項目として「インターネットを通じた人権侵害、トラブル」「出会い系サイトなどを通じた事故」が挙げられている。学校の安心、安全を脅かす要因として、インターネットというメディアの利用問題が学校管理者の意識に上がってきたということであろうか。

平成十三年六月の、あの附属池田小学校事件を経験した大阪教育大学は、学校の危機管理について先駆的取り組みを行っている。同大学は、二〇〇七年度から新たに教職専門科目「学校安全」を開講し、学校組織のリスク・マネージメントに挑戦しているのだ。その大阪教育大学の平成二十年度報告書「学校組織の危機対応教育プログラムの開発」の巻頭言で、長尾彰夫学長が、興味深い記述をしている。

「情報化の進展や規範意識の希薄化などの社会の変化の中で、学校現場では、インターネットを活用した人権侵害や保護者等からの理不尽な要望・要求への対応など、学校が対応しなければならない新たな課題が生じてきた」

長尾学長は、日本社会のモラル低下傾向などを含めた学校を取り巻く社会環境変化のひとつとして、テレビの時代に代わるインターネット時代の到来を認め、その時代変化に対応した学校経営の在り方を手探りされているように見える。実際に、この十年間のケータイの普及と、それに伴う生徒らの問題行動多発化の過程で、校長、教頭など現場の学校管理者の中には、インターネット時代の危機管理というテーマを意識し始めた方々が増えているように思うし、早急に対応しなければならない各種リスクが学校現場に発生しているのも事実である。

この十年の相談事例や見聞を整理すると、学校管理者らがインターネットに関連して直面する問題は、以下の三種類に分類できるように思われる。

①生徒のインターネット利用で発生したトラブル、事件。
②教師のインターネット利用あるいは指導で発生するトラブル、事件。
③保護者のインターネット利用によるトラブル、事件。

生徒のインターネット利用で発生したトラブル、事件については、いまさら説明の必要はなかろう。休み時間や授業中など学校内でのケータイ利用に伴い、校則違反や授業妨害、いじめ問題などが発生、通学時や家庭での利用では生活リズムの乱れから浪費や家出、異性交遊など非行、犯罪にかかわる多様なネットトラブル、事件が多発している。それが結局は学校の運営管理にまで影響している状況については、これまでも縷々《るる》説明してきた。そして生徒指導、生活指導、健康相談の任務にあたる教師らが、それらの問題解決に走り回るようになってきたことも周知の事実である。

そうした生徒の問題に加え、学校長や教頭など学校管理者は、インターネット、ケータイ時代の教師の問題行動に対しても対応を迫られる状況が出てきている。つまり教師のネット利用管理の問題が出ている。教師のネット利用問題としては、個人情報の漏洩などデータ管理問題もあるが、生徒の教育上の危機的問題も発生している。たとえば、学校のパソコンで教師がネットポルノを観ていたとか、生徒にストーカーメールを送ったという事例もある。あるいは生徒指導という立場から子どものネット遊び場に入り込み、そのネット遊び場に来た生徒に猥褻行為を働き逮捕された教師などの事件報道も、いまや珍しくはない。これらの問題行動は、匿名性通信の落し穴などネットのリスク理解の欠如もあり、すべてを教師のモラルの問題に帰すだけでは済まない。たとえば近畿地方で、若い男性教師が教え子の女子生徒とキスをしている写真がケータイで出回り地域社会の大問題になった。この事件は、女子生徒が人気の男性教師と親密な関係になったことを友達に誇示するため、ケータイのカメラで教師との接吻場面を撮影し、それを写メールで友人に送り付け、それが短時間で生徒の間で広まり、ついには地域の保護者、大人の知るところにもなったといういきさつがある。これはモラルはもとより高機能メディア利用のリスク認識問題も合わせて考えるべきだろう。

思うに、この教師には携帯電話が一対一でのコミュニケーションにしか使われないメディアという認識しか無かったのかもしれない。つまりケータイをあなどっていたのかもしれない。もし携帯電話はインターネット機であり、それが「手のひらに入った放送機器」すなわち一対Nの不特定多数者に向けた発信機器だという認識があれば、その種の写メールの発信はリスキーな行為と判断できたはずである。

ケータイすなわちインターネットという高機能メディアへの深い理解が、子どもより教師の方に求められているのだ。教師は「インターネットはこれまでのどのメディアよりも、人間の欲望の深いところを衝いてくる高度な欲望刺激メディアである」というメディアの本質を理解し、その利用に当たっての自制心の必要性を理解すべきであろう。

ネットで学校、教師を攻撃する保護者も

常識があるはずの大人でありながら、インターネットという高機能メディアへの理解が浅く、それゆえ自分勝手に使って問題を起こすのは教師に限らない。学校にとっては、非常識な保護者のインターネット、ケータイ利用もリスク要因になってきた。

私は、これまでに三人の小中学校の校長から、保護者のネットを使った学校攻撃、個人攻撃の悩みを打ち明けられ、対策の相談を受けた。三つのうちのひとつは、子どもに混じって保護者が学校裏サイトに書き込みをし、教師のえこひいき非難など個人攻撃をされて困っていたケース。もうひとつは、教育委員会に自分の学校管理の仕方に対する不満、批判を直接メールで訴えられて困っている、という相談。この二つのケースは、いずれも匿名の保護者の発信行為によるネット・トラブルと言うべきものであるが、三番目は堂々と実名の発信で校長を困らせたというケースであった。このケースでは、インターネットのブログ機能が使われ

た。学校で子どもがいじめに遭い、子どもを転校させたという保護者が、自分のブログで校長の対処の仕方を非難し担任の教師に対してもデマに満ちた発信を行ったのである。おまけにこのケースは、当該校の生徒や保護者まで巻き込んだ誹謗中傷騒ぎとなり校長を悩ませた。

統計的データがないので、このような学校管理者の直面したネットトラブルは、レアケースなのかもしれない。しかし、ケータイの強力なメディア・パワーを非常識な親が面白半分に使うならば、さまざまなトラブルが起きてもおかしくはないだろう。たとえば山の中学の分校で、保護者達がケータイ・ネットワークで新任の担任のあくどい噂話を面白半分に流し続け、いじめたという話など聞くにつけ、インターネットを井戸端会議の道具くらいに考えて使う結果起きるトラブルが、今や日常化しているのではないかと思えてくる。

非常識といえば、授業参観や保護者懇談会に出てきた母親達が、教室で人の話をよそにケータイを使っている光景が教師から報告されて久しい。もちろん子ども達も見ている。こういうマナーの悪い保護者が、子

どもにネット利用のしつけもできないと教師達は憤慨しているのだが、ことはインターネットのしつけに限らない。およそ子育て・教育という営みは、大人が子どもにばかにされては成り立たない。

子どもにばかにされない姿勢を

この十年、日本社会のインターネット化、とりわけモバイル・インターネット化の過程で、私が最も気にしているのが大人の姿勢である。我々日本の大人は、子どもに見られても恥ずかしくないような大人としてのインターネット、携帯電話の使い方をしているのだろうか？

もう五年ほど前の話になるが、某携帯電話会社のモバイル・インターネット社会研究の機関が、中高生向け啓発漫画を制作したことがある。その編集コンセプトの柱のひとつとして「携帯電話利用マナーの悪い大人を半面教師として使う」というのがあった。電車内や公共の場所で携帯電話を傍若無人に使う大人を例に出して「あんな大人にならないで」と、子どもに諭すという企画である。確かに、子ども達にばかにされても仕方ないようなマナーの悪い大人はいっぱいいる。一時期、東京都が都民のモラル改善のための委員会を作った。どういうわけか私も委員の一人であったが、山手線内などでの大人達の携帯電話の使い方をどう改めさせるべきか検討したほどである。しかし、だからと言ってマナーやモラルを子ども達に教えられるほど携帯電話会社が立派なことをしてきたのか、疑問である。携帯電話会社が大人をばかにしたモラル教育を子ども向けにするという発想自体、大人の企業としての自覚に欠けるのではなかろうか。教育という営みは、教え導く側の大人としての矜《きょう》持が不可欠で、子どもから大人がばかにされては教育にならない。

それはともかく、インターネット時代に大人が、子どもにばかにされないように振る舞いつつ子育てするのは、なかなか難しいことかもしれない。何しろイン

ターネットは自己中心的利用効果を追求するように設計されたパーソナル・メディアである。とりわけ子ども達が言うケータイは、ジコチューに使えるように設計されたメディアだから、大人でも時と場所を判断し自制力を発揮して使わなければいけない。それにインターネットというメディアは年齢、性別に無関係なコミュニケーションを可能にする道具だ。だからネット上で子どもと向き合う時も、年齢や肩書き、社会的立場にとらわれず、冷静対等で理屈の通った付き合い方を意識しなければいけない。

たとえば教師がネット上で悪さをする生徒に「こんなことするな！」と怒鳴っても、子どもはすぐに恐れ入るとは限らない。教師と生徒という位置関係が明瞭な教室で、対面で叱るのであればそれなりに効き目はあるが、ネットでは無視されるか、あっさりやり過ごされる。

一、二例を挙げよう。ある中学校の校長が自分の管理運営する学校の名前を付けた裏サイトで生徒が猥褻な情報発信をしていることに腹を立て、朝礼で「こんなことは許さん。すぐにやめろ！」と怒鳴った。するとその日のうちに、その裏サイトに「止められるものなら止めてみろ」というメッセージが載った。ネットのいたずらをやめさせるのは簡単ではないのだ。その場の思い付きや感情にまかせた対応では、ばかにされるのがオチである。

最近各地で子どものネット遊び場のパトロールが盛んだが、パトロール中に見つけた悪いネット遊びへの注意の仕方を考えないといけない。ただ怒鳴って回ったりすれば、鍵をかけてネットの地下に潜ったり、反抗してもっとタチの悪い遊びに移ったりするかもしれない。大人と子どものネット戦争では大人が不利になる心配がある。まず、パトロールの目的をはっきりさせる。ネットの見守りは、生徒の内面や行動実態を知るというメリットがある。それを生徒指導に生かすこともできる。要するに、注意の仕方を含めた作戦が必要だ。

裏サイトの管理人が自校の生徒の場合、特に注意の仕方が難しくなる。

たとえば某高校で自校の裏サイトをネットパトロールしていた教頭が発見し「こういう裏サイト遊びを学

校は認めないから、すぐにやめるように」と注意した。するとサイトを管理する生徒が「なぜいけないのか、どこが問題なのかきちんと説明して欲しい」と書き込んできた。「学校の名前を勝手に使うことがいけない」など、教頭は規則の意味を説明しようとしたが、結局は駄目なものは駄目という押し問答に終わった。このような例は珍しくもない。某私立高校では、やはり教頭が管理人の生徒に向かって「サイトを閉じるように」と呼びかけたが、生徒と教師の水掛け論になり、挙句は生徒の側から「そんなに僕らの発信を心配するのであれば一緒に管理作業しませんか」と、呑めない提案までするようになった。このやり取りを見ている限り、ネットでは教師も生徒も対等なのだ。

二〇〇七年ごろ、裏サイトの実態調査をしていた私達（下田研究室）も、ネットや対面で中高生の管理人との話し合いチャンネルを作ったことがある。その時は、我々の立場をはっきり説明したうえで、裏サイトを立ち上げる生徒達の言い分を聞いた。つまり思春期の子ども達の独自発信の欲求を認めた。そしてそれを前提に、彼らの裏サイト遊びの仕方の問題点を指摘した。

おだても脅しも駄目

私達は中高生の管理人との対話から、学校裏サイト遊びが、一口に言えば思春期の子ども達の仲間作り、秘密基地遊びであると理解した。それはそれで理由のあることであるが、その遊びには問題もあることを管理人生徒に理解させる必要があると考えた。そうした問題のひとつは、このネット遊びが面白半分の誹謗中傷や猥褻な発信になりやすいことである。このことは管理人もわかっていて、面白半分の無責任な書き込みが増えるほど利用が高まると認めている。

裏サイトの管理人の仕事は、サイト遊びの内容に責任を持つこと。すなわち利用規則を定めルール違反を監視し、マナーの悪い利用者に注意するなど重要な役割を担う。そのため、「僕は仲間の皆のために大人も干渉できないメディアを運営している」と言うほどの自負心もある。それを認めたうえで、管理の不備や管理人の知識不足を突いたりするのである。

たとえば彼らは、裏サイトを秘密基地と表現しているだけあって、誰からも見られていない、と思い込んでいる。だから「君達の恥ずかしいやり取りは全部見ているし記録も取ってある」と言うと驚くのである。自分の都合のいいところしか、理解していない。もっと子ども達はインターネットを客観視してはいない。もっとも、日本の大人（ＩＴ教育学者も含めて）も似たようなもので、この複雑高度なメディアの全体を客観的に理解するリテラシーの無さから、子どもに注意もできないし、頼られるどころかばかにされる始末だ。

話を子どもの管理人に戻そう。特にプライドの高い管理人について言えば、裏サイト管理に絡む金銭の話になると嫌な顔をするケースが多い。二〇〇七年の我々の調べでは、裏サイト掲示板を利用する者が、管理人が載せた広告をクリックすると一円から三円が管理人の収入になることがわかった。さらにその利用者が広告を通じて有料のネット風俗情報や各種遊びのサービスなどを利用すると一件につき数百円（五〇〇円くらい）が管理人に支払われるという仕組み（アフィリエイト）もあることがわかった。

実際に多くの裏サイトでは、子ども達が興味を持つようなサイト広告が貼り付けられていた。たとえば「チョイH♪マンガ」や「ゼニパラ」、「モッピー」「モバゲー」など遊びサイトや出会い系サイトから猥褻動画販売など青少年に有害な広告、さらにはサラ金業者の広告等が多く見られるのだ。中には管理人自らが「お勧めサイト」として特定の広告のコンテンツを売り込んでいるケースも多々ある。また管理人が、過激な裏サイト発信に鍵をかけたケースでは「○○中学の裏の裏の鍵が欲しかったら、①ゼニパラ②モッピー③モバゲーのいずれかに登録しろ」と要求する場合も多かった。

要するに、学校裏サイトという秘密基地遊びは、大人が仕掛けたもので、管理人は大人から自由になったわけではなく、むしろ大人の手のひらで遊ばされているのだ。そのことを指摘すると深く考え込むようになる。

インターネット時代に、大人は子ども達を、おだてても脅しても、ましてばかにしてもいけない、と私は思う。

その意味で、携帯電話会社の出前授業や国と業界のEネットキャラバンなど金と人手をかけた大規模啓発事業には問題も多い。もともと女子高生などを親指世代とおだて上げ、有害情報遊びができてしまうような商品設計でケータイを売り出し、子ども達のネット遊びのエネルギーが社会規範をはみ出すほど高まると慌てて脅しを入れたお説教調の啓発事業を始めた。私にはそう見える。自らを省みないそのやり方で、果たして子どもとネット問題が収まるのだろうか。そうした方法で子ども達を納得させられるのなら良いが、逆に子ども達にばかにされてはいないか。業界団体は社会的責任から､全国の中高生達に｢モラルとマナーを守って使えば安全」というケータイ出前授業を大々的に行った、と誇らしげだ。しかし「ネット問題の事例も古いし、専門家もあの程度か」と生徒達が言っていることをご存知だろうか。後に紹介するが、市民インストラクターと呼ばれる保護者の啓発ボランティアは「子ども達に古い材料を使い、お説教調の啓発を自己満足にしてはいけない」と戒めているのだが…。

ある時、「携帯電話は思春期の欲望と好奇心に応えてくれるメディアである」と言い切るほど中学からケータイを使い込んできた大学一年生が、私にこんなことを言った。「これで自由にやっていいよ、と言われたようなケータイに、今ごろなぜフィルタリングですか？　先生が余計なことを言ったからではないんですか？」私にそんな力があるわけがない、と苦笑いせざるを得なかった。実際に権力や資力を有する中央官庁や巨大企業に比べれば、我々市民ボランティアの力は極めて小さく、問題解決の責任と力は業界のほうにある。だから私は、彼らのやり方を心配するのだ。私の考えをはっきり言えば、二〇〇九年のこの時点で、巨大企業のこれまでの啓発方法では問題解決はできないし、学校もその力に頼っているだけでは事態は変わらないと思う。学校や教育委員会は、国や業界団体が説明を避けてきたインターネット、ケータイのリスク評価をし、リスク回避の方法、危機管理の方法を現場から考え出さなくてはいけないだろう。

問題は電話ではない。インターネットだ！

はっきり言って中央官庁で子どもの携帯電話利用問題に最も危機感を持って動いてきたのは、警察庁ではなかろうか。私は警察庁と文部科学省のいくつかの委員会で、座長や委員を務めたが、その経験からすれば教育の責任官庁である文部科学省がこの問題で先手を打って動いたりはしてこなかったと思う。文部科学省の委員会には業者団体の委員も入っているが、結局は業界寄りの現状追認で、それ故に泥縄式対策しか出せない。たとえばプロフなど学校の教師が困っているネット遊びを使えなくするようなフィルタリングの話になったりすると、業界団体の委員が「きついフィルタリングになればお子様方が困りますからね」としたり顔に言う。それをただす議事進行は無く、結局は現状肯定の声がまかり通ってしまう。私は、そのような議事に付き合う気力もうせて、委員会を欠席したり委員を辞退したりした。

二〇〇九年（平成二一年）一月末の「小中学校への携帯電話の持ち込み原則禁止」通達も、ほめられるような手ではない。まず十年たった今ごろでは遅すぎる。学校現場の危機感への感度が鈍い。学校現場は「簡単に持ち込み禁止というが、どうやって持ち込み検査をすれば良いのか」と言っている。しかも子ども達や保護者の理解が得にくい発表になった。保護者は「子どもの安全のため連絡用に持たせたい」という意識が強い。だから「連絡用の電話がなぜいけないのか」とぶかるし、今ごろ変なことを言い出した、とさえ受け取る。だから正確に「インターネットのできる携帯電話を持たせたり、学校に持ち込ませてはいけない」と言うべきであった。文部科学省は、緊急の連絡の場合に「例外的に携帯電話の学校への持ち込みを認める」ともしたが、これもインターネット機能の持ち込みではなく電話機能のみの例外的許可とするべきであろう。そのうえで、保護者には「学校に公衆電話や貸し出し用携帯電話機を用意する」など安心させ、子どものインターネット機能利用の危険性への対処が本来の目的であることを理解させるべきではなかったか。

とはいえ、この国の動きを歓迎する学校長も多い。その中には「これで子ども達のケータイ利用問題から学校は逃れられる」という人もいる。しかし現実的には、学校からケータイ問題を排除はできない。学校外で子ども達がケータイを使って生活リズムの乱れやネットいじめ、家出、売春や有害情報利用などが横行すれば、学校内での子どもの問題にも発展するからである。

特に高校では少数ながら「一方的な持ち込み禁止では効果が無い」と国の動きに批判的な教師達もいる。いまさら持ち込み禁止はできない事情があるからだ。それゆえ、高校によっては、生徒達の自主性を重んじ、生徒会に持ち込み禁止が良いか悪いかを判断させようというところもあるし、そういうところではたいてい持ち込みが許され、ルールを生徒に作らせるという流れになる。生徒会に判断を問うた学校で、生徒会自身が持ち込み禁止を決めたという事例を私は知らない。

私は、この生徒の自主性尊重を、基本的に支持したいが、難点がある。ひとつはルールの中身が持続しないものであれば意味がない。たとえば学校側の意を汲んでルールを作ったような場合、生徒会の幹部が代替わりしたりすれば実効性が薄れ名目だけのものとなる。学校側の系統的、計画的な生徒指導がなければ、現状の「建前禁止、実際は持ち込み」という二枚舌になりかねない。

計画的、戦略的対応を

この十年の文部科学省の携帯電話問題への対応を総括すれば、「遅い、浅い」に尽きる。思うに、その原因は携帯電話というメディアの理解度にあったのではないのか。子育て・教育という観点からの冷静なメディア理解があれば、その学校現場への影響も早期に予測でき、いわゆる子どものケータイ利用問題への対策も泥縄式にならずに済んだのかもしれない。そんな嫌味をクドクドと言うのは、今からでもいいから発想の転換をして欲しいと思うからである。さらに言えば、国が発想転換できなければ、個々の学校管理者が新しい発想で問題解決の知恵を出すしかないからである。

私の言う、発想の転換とはほかでもない。「携帯電話問題は電話機能の問題ではなくインターネットの問題である」という視点から「小学校から高校までの子育て教育期間のどの時点に、どのようなレベルで、子どもにインターネットを使わせるべきか。それを家庭と学校が協力しながら決めていく」という発想である。「問題にすべきはインターネットというメディアだ」という視点が決まれば、保護者への説得もしやすくなるのではないか。たとえば学校への持ち込み禁止、という通知も誤解を生じない。学校は携帯電話の持ち込みを認めないというが、保護者の中には「持ち込みを認めよ」という声は多いようだ。そうした保護者の中には「携帯電話は電話だから連絡用に持たせたい」と主張する者が多い。つまり保護者は連絡手段として携帯電話の電話の機能の利用を学校に認めて欲しいと言っているわけで、自分の子どもにインターネットをさせたいから学校への持ち込みを認めて欲しいという保護者はほとんどいないはずだ。

このあたりの整理をしたうえで教室でケータイから漫画を読むなど授業妨害やネットいじめなど非行、逸脱行動につながるから、あるいは家でも学校でも学習に集中できない、学習時間も少なくなる。だから所持、持ち込み禁止をしたい、と理由をはっきり言うべきである。

そのように持ち込み禁止姿勢を明確に示したうえで、たとえばケータイ問題が惹起《じゃっき》する中学校などでは、校長が保護者と生徒が集まる入学説明会の時点で「ケータイ持ち込み禁止」さらには「持たせないように」と親子を説得し、さらにそのうえで「入学から三年間の在学中に携帯電話だけではなくパソコン、ゲーム機など各種の端末機からのインターネット利用のモラルやリスクについてＰＴＡと協力して啓発する。故に保護者には啓発プログラムに参加して欲しい旨を伝えるなど、一貫した作戦を立てるべきであろう。特に学校で親子に啓発プログラムを実施する場合には、ＰＴＡや保護者の市民インストラクターと協力して生徒らのネット遊び実態調査（プロフ、裏サイト遊びの実態やケータイ、ゲーム機所有調査とその実態調査に基づく利用傾向評価、診断など）を行い、啓発内容に反映させるなどリアリティのあるプログラムを作る努力をするほうが良い（Ｐ１２３に実験的試みを紹介）。

現に私どもは群馬県高崎市の中学校で、そうした計画的試みを始めた。できれば、このような計画的、戦略的試みを小学校から中学校さらには高校段階まで一貫させ、最終的には子ども達を「善きインターネット・ユーザー」に育て上げていくという発想を、私はお勧めしている。要は、学校側は、自己の責任で一貫性のある方針を建て、実行しなければいけない状況だと思う。持たせない、持ち込ませない、と訴えていくのであれば戦略的に手を打つ必要がある。

子どものネット遊びの責任は業者か？

結論を言えば、子どものケータイ利用問題は、保護者の子育て問題でもある。私は、子ども達にインターネットができる携帯電話を持たせるな、と言っているわけではない。携帯電話から子どもにインターネットをさせるのであれば、保護者がしっかり勉強して、持たせる前に注意し、悪い使い方をしないよう指導するべきだ。それができないのであれば、学校や社会にも迷惑がかかるし、保護者のリスクにもなる。だから買い与えない方が良い。そう主張しているのである。

メディアの研究者としての私の考えは、インターネットをさせるのであればパソコンからさせるほうが保護者にとっては見守り指導しやすい。つまりネット利用のしつけがしやすい。学校とも連携がしやすいと判断している。実際に、子どもに有害情報が入らないようにするフィルタリングのレベルひとつとっても、携帯電話よりパソコン向けフィルタリングの方がペアレンタル・コントロールがしやすく安心である。現状の携帯電話のフィルタリング・サービスは、基本的に「利用情報（利用サイト）の善し悪し」を業者が決め、その業者の判断基準に乗っ取ってフィルタリングがなされる。そこが問題で、業者が「子どもに良い」「子どもが利用しても安全」と自薦するサイトは、あくまで業者の視点から決められたもので、子どもの教育の最終責任者である保護者や教師が決めたわけではない。特にネット遊びのサイト利用の安全性は、情報管理技術上完全には保障しがたい。子どもがネットでどのような人物とつながるか、あるいは子どもがどのようなコミュニケーション・トラブルを起こすか、さらには子どもがどのようなネットの罠（ウェブ・トラップ）に引っかかるか、ネット遊びを提供する業者がそれを予測し予防するのは至難である。ネット遊び業者が保護者に「ウチの会社の遊び場でお宅のお子さんがトラブルや事件に巻き込まれることはありません」と自信を持って言い切るには、相当な投資が必要で、場合によっては利益など出なくなるかもしれない。逆に言えば、安全管理に手を抜けば利益が上がる。そういう仕組みを保護者も教師も知るべきであろう。

COLUMN

ブラックリスト方式のフィルタリングには効果があるのか？

もともとフィルタリングは、パソコンからの子どものインターネット利用のために考え出されたものだが、日本の子ども達は欧米や韓国など海外の子ども達と違い、携帯電話からインターネットをすることが圧倒的に多いことから携帯電話によるインターネット利用にもフィルタリング・サービスをするようになった。

フィルタリングにはホワイトリスト方式とブラックリスト方式がある。ホワイトリスト方式は子どもにとって本当に安全だと思われるサイトのみを閲覧することができるようにする。この種のアクセス制限は、特に低学年の子どもを持つ保護者には安心とされる。これに対し、ブラックリスト方式は、子どもにとって有害、危険とされるサイトをブロックして見せなくするもので今回原則適応とされたフィルタリングは、このブラックリスト方式である。このようなブラックリスト方式のフィルタリングは問題も多い。第一に、次々現れる新手の有害サイトに対応が難しく抜け穴ができる。しかも今回のフィルタリングでは、これまでブラック・サイトとされていたネット遊びサイトを「健全になったから」という理由でブロックしないことにした。しかもこの「健全化宣言」は、ネット遊び業者の団体が行った。なので疑問符が付いている。

ネット遊びの安全管理については、二〇〇八年に、ネット遊びの事故、事件の多発批判を受けモバゲータウンを運営するディー・エヌ・エーなど企業・業界団体が携帯電話利用サイトの審査組織（モバイルコンテンツ審査・運用監視機構ＥＭＡ）を作り、健全サイト認定を行うようになった。だが二〇〇九年に入って、その認定を受けたネット遊びサイトでさえ「子どもへの危険が高い」などとして警察庁から指導を受ける始末である。

さらに、この原稿を書いている二〇〇九年五月には、警視庁が人気のケータイ遊びサイト「グリー」「モバゲー」などの運営会社八社に「出会い系まがいの商売をしないよう」管理の厳格化を要請した。具体的には、異性との出会いを求める書き込みの削除を行うこと。それができなければ、出会い系サイト規制法に基づく届け出を行うように要請した。

つまり、ケータイ・ゲームなどサイト遊びを仕掛ける業者は、実質的にネット風俗に近い商売をしかねないことが示唆されているわけだ。

ちなみに、警視庁が厳格要請をした八社のうち六社は、前述の審査機関ＥＭＡから健全サイトと認定され、フィルタリング対象から除外されているサイトの経営をしている。ということは、ＥＭＡの認定自体が怪しい、ということになる。

これまで、問題を起こしてきた企業が、自分で「自社は安全サイトです」と宣言したことを、保護者は消費者の視点でチェックするべきだろう。実際に「健全になりました」と言うサイト業者も「ネット遊びでトラブルや事故が起きたときは保護者の責任」と言う。ということは、子どものネット遊びの安全性判断は、最終的に保護者がしなければならないのだ。

賢い保護者を増やそう

問題は、責任を持って子どもにインターネットを正しく使わせることができるような能力を保護者が持てるのか、という点にある。我が子が危ない情報に接していないか。その危ない情報から危ない大人、友達につながっていないか。さらには危ない情報から危険な道具、薬物などを入手し、被害者や加害者になりはしないか。また我が子がネットでのEメール・コミュニケーションでトラブルを起こさないかなど、子どものインターネット利用を見守り、管理、指導する能力が持てるのか、ということが問題になってくるのである。

我々は、この十年そうした保護者向け教材を開発し市民集中講座（P120参照）を開いてきたが、そのような勉強をする気がないとかペアレンタル・コントロールの能力を身につけるのが難しいというのであれば、インターネットができる高性能の携帯電話を子どもに買い与えたりしてはいけないはずである。逆に言えば、ペアレンタル・コントロールの能力があれば、保護者の責任で携帯インターネットをさせればいい。

しかし現実は、子どもにケータイを与えっぱなしで、その利用に無関心な保護者も多い。もっとも私の知る限り、無関心な保護者も子どものケータイ利用のリスクに全く関心が無いかと言えば決してそうではない。十年前のｉモード型携帯電話発売直後の状況とは違い、近年は新聞やテレビでもケータイの利用リスクを頻繁に取り上げるようになってきた。だからといってインターネットのメディア特性について子育ての視点からきちんとした学習をしようと思う保護者は、学習機会も少ないこともあり、決して多くはない。そのため保護者の多くは、強いて考えないようにしているか、ただ「子どもを信じる」と言うしかない状態と思われる。中には、「悪い使い方をしているのは一部の子どもだから騒ぎ過ぎだ」とか「インターネット時代だからしかたない。むしろ子どもをたくましく育てるべきだ。犯罪的な情報、猥褻な情報も、いずれは接することになるから、早めに抵抗力をつけたほうが良い」と言う保護者さえいる。インターネットのメディアとしての革新性の大きさを考えると、それは暴言、居直りとしか思えない意見だが、これでは現状の問題解決にはならないはずだ。そのため、子どものネット問題が深刻になれば、この種の保護者は「子どもからケータイを取り上げろ！」「こんな商品を子どもに売りつけたのは誰だ！」など極論に振れる恐れもある。

今後、国と業界による大規模な啓発事業でも効果が現れず、子どものネット利用問題の解決のめどが立たないとわかれば、携帯電話業界は「子どものケータイ利用は親の責任」という、一種責任転嫁の姿勢を強めてくるだろう。もともとの責任は業界にあるにもかかわらずだ。フィルタリング・サービスも保護者の判断、責任を問うカスタマイズ・タイプに移行していく兆しも見えてきた。このような流れからしても、保護者は、親としても消費者としても賢くならなくてはいけない。そういう保護者が増えてこそ、学校は助かるはずだ。

　群馬県では、インターネット時代に子育て教育ができる保護者や教師を増やそうということで五年前に「市民インストラクター制度」が立ち上がった。群馬県だけではない。鳥取県、茨城県や奈良市、広島市、京都市、岡山県でも、私ども青少年メディア研究協会が、自治体からの依頼で「ペアレンタル・コントロール市民集中講座」を行うようになった。講座の卒業生は、企業や国のインストラクターとは違い、地元、学校区に根付き学校と連携して動く。いわば地域の人材育成が狙いである。

日本にもネットママ、パパを

　市民インストラクター制度の発端は、私の講演を聴いたPTAの役員達が、「保護者同士で学び合う地域社会の仕組みを作りたい」と言い出したことにある。そして、この市民集中講座を受講した市民のインストラクター（子どものインターネット利用問題で活動するボランティア）たちが、今では私に代わり群馬県内の講演やセミナーに対応してくれるようになった。

　私が養成にかかわった群馬、鳥取両県の市民インストラクターの中には、小児科医、小学校の校長先生、お寺の住職さん、など、多彩な職業の方々がいる。なかでも私が最も期待しているのは専業主婦、母親達である。ネット利用を本格的に始める思春期の子ども達は、

父親よりも母親に相談する傾向が強いことが、私達の調査でわかっているからだ。アメリカで言えば「ネットママ」という存在になる。

既に述べたように、米国では子どもにインターネットを好き勝手に利用させない。保護者がパソコンを最初に買い与えインターネットを使わせる時は、有害情報が直接子どもに届かぬようにフィルタリング・ソフトを使ったり、パソコンを子ども部屋に持ち込ませず居間で使わせるなど、ルールを守らせている。このような社会常識を作ったのも、ネットママたちの力だった。子どもたちに良い本を読ませ悪書を追放する活動を、そのままインターネット時代に持ち込んだのがネットママたちで、子どものネット利用問題（有害情報の受発信の実態など）を学習し、未だ知らない人に知らせたり、地域の保護者からの相談に乗ったりしている。

私たちの市民講座を受けた日本の母親達も、純粋に「自分の子どもや子どもの友達が危ないネット遊びで被害者、加害者になってしまうのではないか」と心配して動いてくれる。携帯電話業界やネットビジネス関係者が消費者・保護者に隠したがることも見破ってしまう力を、持ち始めた。安心安全をうたったキッズケータイに有害情報をブロックする力がない機種があることを初めに見破ったのも、普通の母親達である。インターネットができるゲーム機が発売されれば、これで有害情報の受発信ができるか否かを調べ、携帯電話のモバイルゲーム（いつでも、どこでもできる移動型ゲームソフト）が流行りだせば保護者の目でチェックするなど、インターネット時代に子どもを守る草の根活動が始まった。

子ども達のインターネット利用問題の解決には、地域社会での母親同士の情報交換や相談活動が重要になってくる。

たとえば「お宅の○○ちゃん、うちの子に『今度メル友に会いに行く』と言ってるけど知ってるの？」など心配し合う。また「お宅の子が自分の顔写真を付けたブログを発信しているけど注意した方がいいよ」など、子どものネット上での情報行動を知らせ合う。このような保護者同士の人間関係が、インターネット時代の子育てには必要なのだ。

携帯電話からのインターネット利用では、暇だから、寂しいからという漠然とした目的で使用するとネット利用の落とし穴にはまるリスクも高まるが、子どもを寂しくさせない地域の人間的結び付きをネット啓発活動の中から作りだそうという人々が出てきたことは、大変に心強い。

　私どもＮＰＯ青少年メディア研究協会は、二〇〇八年より、このような保護者、生徒指導教員の方々の養成効率を高め、そうした人々の啓発活動を支援するための市民サポートシステム・ＣＩＳＳ（Ｃｉｖｉｌ Ｉｎｓｔｒｕｃｔｏｒ Ｓｕｐｐｏｒｔ Ｓｙｓｔｅｍ）の開発に着手した。ＣＩＳＳは、子ども達のインターネット上の情報、コミュニケーション行動を見守り、注意し、指導する為の人材養成プログラム（ペアレンタル・コントロール・プログラム）の開発と配信、さらには啓発や学校の生徒指導活動などを支援する情報通信システムである。

　地域で養成された子どもＩＴボランティア（市民インストラクター）は、地域の教育委員会とともに、学校裏サイトやプロフ、ＳＮＳなどのネット遊び場における子ども達の受発信を見守り、その内容を判断し危険な情報、コミュニケーションが行われている場合は注意、警告を行う。さらにそのような見守り活動の経験の過程から得られた知見をデータベース化、コンテンツ化し地域の保護者や学校関係者に向けて情報提供や啓発活動を展開するのである。

インターネットでどのような社会を創るか

「子どもの携帯電話利用問題は、子どもにルールやモラル教育を施せばよい。いまさら保護者を教育しても仕方がない」と言う教育学者やネット事業者は多い。そのくせ家庭でのルール作りやそのネット利用で親の責任を言う。だが、本当にそれで良いのだろうか？このような業者は、消費者でもある保護者が賢くなるのが怖いのではないか、とさえ思うほどだ。

私も、子どもにネット利用教育は必要と考えている。しかしモラル教育だけでは駄目で、特に高学年にはリスクを教えたほうが良い、と考える。そのうえで、保護者教育も必要と思う。いや、子どもより保護者を早急に賢くする必要があると考える。健全な社会は健全な家庭から、とも言われるように、日本のインターネット社会の健全化には、まっとうなネットのしつけができる健全な家庭が不可欠ではなかろうか。それに思春期から青年期は親になる手前の時期である。思春期のティーンズらも子ども時代に賢い親との対話があれば、善きネット市民、善きネットパパ、ママへの道も開けやすいのではないのか。それに何よりも、賢い保護者を増やさなければ、学校が困る。インターネット時代の学校経営者は、まず賢い保護者を味方につけ、問題解決をする過程で、学校を助けてくれる賢い保護者を増やさなくてはならないはずである。

いずれにせよ、日本の子ども達のケータイ利用問題をはじめとするネット問題を解決する鍵は家庭、保護者にある。そう考えると、国の対応も単に「ケータイを持たせないで」というだけでは足りない。文部科学省はもちろんのこと総務省も、この十年間に日本の子ども達が起こすようになったケータイ事件、トラブルが自分達の手に負えなくなっている実情を国民・保護者に率直に説明すべきであろう。「親が駄目だからこうなる」という責任の押し付けでは筋が通らない。

くどいようだが、社会の責任者は、まずなぜ今ごろこんなことを言わなければならなくなったのかを、きちんと説明し、反省すべきことは反省する。そのうえで、保護者、教師さらにはネット利用者である子ども達に理解と協力を求めるという努力をするべきであろう。もっと言えば、今後さらに発展するインターネット時代に対応して、これまでの失敗から学びつつ、新たな大人の能力＝ペアレンタル・コントロールの能力を、大人社会全体で早急に身につけなければいけないのではないのか。

私は二〇〇七年秋に、前橋市で文部科学省主催の「子どもとインターネット国際会議」を企画し、コーディネートした。その時海外からのゲスト達から「日本は、子どものインターネット利用の実験場になっているようだ」との感想を聞かされた。もちろん良い実験ではない。なぜこのようなことになってしまったのかをしっかり理解しない限り、これからどうすれば良いのかが、見えてこない。したがって対策も場当たり的になるはずだ。

インターネットは、これからもさらに発達する。インターネットは、パーソナル・メディアとして個人的望みをかなえ個々人の力を増強、拡大できるメディアである。このメディアを使えば、自分の知りたいことを知ることができる。つまり自分だけの個別ニーズを満たす情報や物品を、世界中から探し出しゲットすることができる。その情報から発信者と個人的つながりをつけることもできる。インターネットは良くも悪くも自分中心に人間関係を作ることができるメディアだ。特にインターネットは、個人にテレビ局並みの発信力を与えるメディアだ。この強力なメディアを、まともに使うためには、自己責任能力を含む三つの能力（判断力、自制力、責任力）が必要になるし、それを子どもに教えなくてはいけない、と私は十年間主張してきた。さらにインターネット時代の教育ということでは、我々大人は、子どもに「インターネットでどのような社会を創るか」という大人の理想を語りかけなくてはならないだろう。社会の成員が、インターネットという強力な発信メディアを自己中心的、快楽的に使えば悪い結果が自分にも社会にももたらされるからだ。

善かれ悪しかれ、メディアとは個人の思い、個人の集まりとしての人間集団の思いを実現する道具である。子どもにケータイ持たせるべきか否か、という議論を機に、我々大人はインターネットに託すべき社会について思いを整理するべきではないのか。

COLUMN

地域のネット教育力を高める群馬県の取り組み

下田研究室とNPO青少年メディア研究協会は、群馬県庁と協力して過去5年間にわたり、子どものインターネット利用について、見守り、注意し、指導することのできる能力＝ペアレンタル コントロール能力をもった人材（市民インストラクター）の養成を行ってきた。特に高崎市では、携帯電話会社の出前講座派遣インストラクターではなく、PTAの役員や教師ボランティアを中心とした市民インストラクターが小中学校に出向いて保護者らに啓発活動を展開するようになった。たとえば高崎市の中学校では、市民ボランティアと学校が協力し、入学説明会から、生徒と保護者に「学校にケータイを持ち込まない」「できるだけケータイを持たせない」方針を説明するようになった。

私としては、入学説明会で学校長が上記のような携帯電話に関する学校の方針を明確に伝えた後、子どもが入学後、卒業するまで3年間にインターネット、携帯電話利用に関するモラル、リスク教育を行うことを説明、合わせて保護者にもPTAと市民ボランティアによる啓発プログラムを3年間定期的に受講するよう要請することが必要と考える。

また、8章で述べたように、群馬県および青少年メディア研究協会は、学校と協力して働く市民ボランティアをパワーアップし、その活動を支援するために科学技術振興機構（社会技術研究開発センター）の助成を受けて「子どものネット遊び場の危険回避、予防システムの開発」を開始した。この情報通信システム「CISS」は、地域において子育て・教育にかかわる人たち（保護者、教師など）による子どものネット利用問題解決のための仕組み作りを後押しするものである。市民インストラクターおよび教育委員会などインターネット時代の地域の子育て・教育に携わる人々の情報共有の場となる基礎的なデータベースの構築に取り組んでいる。このような人材育成とシステム利用を行う地域は、高崎市以外にも京都市、広島市など拡大傾向にある。

あとがき

近年、子どもの携帯電話問題だけがクローズ・アップされているが、いわゆるケータイ問題の本質はインターネットというメディアの問題であることは、本書でおわかりいただけたと思う。

インターネットというメディアは発展途上であり、これからもさまざまなかたちをとってたち現われる。ゲーム機やポケットコンピューターから自動車のナビゲータ、さらには各種家電製品からもインターネットを使う時代だ。通称ユビキタス社会とも言われるインターネット時代の子育て・教育、これをどうするかという視点が重要になる。そこが私の言いたいところである。

今の携帯電話騒ぎでも明らかなように、モバイル・インターネットというメディアは、子育て・教育上「天狗の隠れ蓑効果」をもたらす。つまり子どもの様子、行動が見えなくなる。教師や保護者の見守りがしづらくなる。子どもは、この十年の間に「ケータイを使えば親にもバレずにヤバイことができる」と、妙な自信をつけているのだ。この状況に保護者や教師は、もっと危機感を持たなくてはいけないだろう。

言うまでもなく、子どもの見守りは、学校だけでなく家庭教育においても不可欠な営みである。長い間、子ども達は学校と家庭の双方の生活空間で見守られ育てられてきた。さらに言えば村や街など地域の大人達の見守り、眼差しの中で育てられてきた。そこに保護者や教師の見守りができない新しい子どもの生活空間が、インターネットというメディアの力によってたち現れたのである。この仮想空間の出現で、子どもに注ぐ愛情に満ちた眼差しの力が減衰するようなことになれば、結局は日本の子育て・教育の衰退につながるのではないか、と私は恐れる。

本書は、そうした私の問題意識、危機意識に共感した出版社の方々とともに、見えにくいネットの中の子ども達の実態を把握する力を教師や保護者に付けてもらいたい、という思いで取りまとめられた。この一、二年、問題解決につながるシステムの開発実験に飛び回る私を、背後から支え、時に叱咤《た》激励してくれた編集者、小池梨枝さんと野本雅央さんに心より感謝するとともに、この十年教育現場でネット問題にかかわり、今回の取材に多大なご支援をいただいた教員の皆さんに深くお礼申し上げます。

参考資料

「ネットいじめ等の予防と対応策の手引き」埼玉県教育委員会
『学校裏サイト』下田博次　東洋経済新報社
『ケータイ・リテラシー』下田博次　ＮＴＴ出版
『日本人とインターネット』下田博次　信濃毎日新聞社

な行

なりすまし …………72, 75, 80, 84
ネットいじめ … 16, 17, 64 ～ 72, 77 ～ 83, 85, 89, 92, 93, 100
ネットオークション ……………… 13, 14, 15, 16, 52
ネット詐欺 …… 13, 14, 36, 52, 93
ネット自殺 ……………………… 18
ネットショッピング ……… 13, 42
ネットパトロール …………19, 107
ねちずん村 ………………… 31, 94

は行

売春 …………………12, 16, 17, 36
バイパス ………………37, 40 ～ 44
非行・逸脱行為 …………… 29, 51
誹謗中傷 … 12, 17, 19, 65, 80, 84
PTA …………17, 89, 93, 114, 118
フィルタリング …8, 12, 34, 35, 37, 94, 95, 96, 98, 111, 115, 116, 118, 119
不正アクセス禁止法 ……… 14, 15
不当請求 ……… 13, 15, 31, 32, 92
ブラック・サイト …… 26, 40, 93
ブラック・ゾーン ……… 38 ～ 40
ブラックリスト方式 ……………115
フレーミング …………………… 88
ブログ ……22, 25, 26, 40, 53, 70, 71, 80
プロフ…16, 20, 22, 25, 26, 40, 45, 52, 53, 55, 56, 70, 71, 72, 80, 83, 90, 92, 120
ペアレンタル・コントロール ……… 34, 36, 79, 94, 97,115, 117, 118, 120, 122
ベル友 ………… 24, 25, 26, 27, 61
法務局 ……………………… 81, 82
ポケットベル …………………… 24
ホワイト・ゾーン ……… 38 ～ 40
ホワイトリスト方式 ……………115

ま行

メディア・リテラシー ………… 97
メル友 ……24, 25, 26, 27, 28, 54, 61, 62
モバイルオークション …… 14, 15
モバイルコンテンツ審査・運用監視機構（EMA）……………………116
モバゲータウン … 14, 15, 110, 116
文部科学省 …8, 10, 19, 65, 93, 95, 96, 111, 112, 113, 122

や行

闇の職業紹介サイト（闇職）…16, 32
養護教諭 ………… 17, 52 ～ 54, 62
養護教諭へのインタビュー ………………………… 55 ～ 60

ら行

リスクアセスメント ……… 96, 97
リスク・マネージメント …98, 102
臨床心理士 ………………………100
恋愛サイト …………… 26, 30, 92

さくいん

あ行

iモード型携帯電話 … 11, 21, 24, 25, 28, 29, 61, 94, 98, 117
アフィリエイト … 20, 26, 44, 109
Eネットキャラバン … 12, 94, 110
Eメール ……………… 16, 17, 27
Eメール・コミュニケーション ……………………………66, 117
家出サイト ……………………… 16
嫌がらせメール ………………… 82
インターネット・ホットラインセンター ……………………………… 95
インターネット・リテラシー … 37, 38
インターネットを使うのに必要な3つの能力 …………………… 45, 46
ウェブ・トラップ …… 32, 39, 115
援助交際 … 10, 11, 12, 43, 81, 92, 93
オンラインゲーム ………… 12, 15

か行

学校裏サイト(学校非公式サイト) … 16, 18～22, 26, 40, 52, 53, 78, 88～90, 96, 104, 107～110, 114
教育委員会 … 9, 81, 95, 111, 120
クライシス(事件、トラブル) ………………………… 85～89
グループホムペ …………… 22, 90
グレー・サイト ………………… 93
グレー・ゾーン ………… 38～40
掲示板 ………12, 19～22, 25, 26, 71, 76, 84, 92
警察(庁) …10, 11, 13, 14, 17, 43, 52, 81, 82, 87, 92, 95, 111, 116

喧嘩サイト ……………………… 17
国民生活センター ……………… 13
コンタクト ……………………… 41

さ行

サイバー・ブリイング ………… 74
CISS(Civil Instructor Support System) ………………… 120, 123
自殺誘引サイト ………………… 87
市民インストラクター ……… 110, 114, 118, 120, 123
消費生活センター …13, 14, 17, 92
生活リズム ……… 17, 18, 52, 103
生活指導の相談 ………………… 50
青少年メディア研究協会 ……………………118, 120, 123
生徒指導教員 ………… 17, 19, 48, 50～52, 54, 62, 64
SNS(ソーシャル・ネットワーキング・サービス) ……… 11, 20, 120

た行

ダイヤルQ² ……………… 24, 25
ダイレクトリンク ……………… 40
着メロ配信サイト ……………… 26
チェーンメール …………… 81, 83
釣り上げ ………………………… 32
出会い系サイト … 11, 12, 16, 17, 27, 29, 32, 43, 86, 102
出会い系サイト規制法 ……………………… 11, 86, 116
テレビ ……………………… 37, 38

著者紹介

下田博次（しもだ ひろつぐ）

青少年メディア研究協会理事長

愛知県生まれ。早稲田大学第一商学部卒業後、（財）日本情報処理開発センター企画調査主任、雑誌記者、放送番組制作から、群馬大学社会情報学部大学院研究科教授、群馬大学特任教授を経て現職。「青少年メディア研究協会」を主宰し、ホームページ「ねちずん村」を運営するなど、子どもたちのインターネット・携帯電話利用問題に取り組んでいる。警察庁「少年のインターネット利用に関する調査研究会」座長などを務めた。

『ケータイ・リテラシー』（NTT出版）、『日本人とインターネット』（信濃毎日新聞社）、『サイバースペースの富』（読売新聞社）、『学校裏サイト』（東洋経済新報社）など多数の著書がある。

子どものケータイ利用と学校の危機管理

2011年6月1日　初版第2刷　発行

著　　者　下田博次
発 行 人　松本 恒
発 行 所　株式会社　少年写真新聞社
　　　　　〒102-8232　東京都千代田区九段北1-9-12
　　　　　TEL 03-3264-2624　FAX 03-5276-7785
　　　　　URL http://www.schoolpress.co.jp/
印 刷 所　図書印刷株式会社

ISBN978-4-87981-296-4 C0037

スタッフ　編集：小池 梨枝　DTP：金子 恵美　校正：石井 理抄子
　　　　　写真：芦原 啓　イラスト：井元 ひろい・中村 光宏／編集長：野本 雅央